诗经动物笔记 2

张晓失 — 著

化学工业出版社
·北京·

图书在版编目（CIP）数据

诗经动物笔记2/张晓失著. — 北京：化学工业出版社，2019.8
ISBN 978-7-122-34360-4

Ⅰ.①诗… Ⅱ.①张… Ⅲ.①中华文化–通俗读物 Ⅳ.①K203-49

中国版本图书馆CIP数据核字（2019）第075446号

责任编辑：温建斌　梁郁菲　龚风光　　装帧设计：今亮后声 HOPESOUND pankouyugu@163.com
责任校对：张雨彤

出版发行：化学工业出版社（北京市东城区青年湖南街13号　邮政编码100011）
印　　装：北京新华印刷有限公司
880mm×1230mm 1/32　印张8　字数152千字　2019年8月北京第1版第1次印刷

购书咨询：010-64518888　　售后服务：010-64518899
网　　址：http://www.cip.com.cn
凡购买本书，如有缺损质量问题，本社销售中心负责调换。

定　价：58.00元　　　　　　　　　　　　　版权所有　违者必究

自序

动物们还在,却不在那个旷野了

三千年前的先祖在旷野奔波的时候,比我们今天看到的动物种类多得多。仅《诗经》里出现的,就有至少 136 种。

那时的大多数动物们,除了作为食物,基本没什么内涵,也许少数具有图腾意义吧。但终归是简单的,也是鲜美的。它们进入诗歌,带有很大的随意性,通常与先祖的心情有关,就那么信手拈来,做比喻或象征,然后流传三千年,成为一个个沉甸甸的文化符号。

从简单,到厚重,是三千年的文化填充。如今回顾这些或熟悉或陌生的动物,已经不那么"野"了,而是华夏文明的一个个小载体,像被琥珀包裹着一样晶莹剔透,可供反复玩味。但很多时候,我们阅读《诗经》,也只是轻轻地掠过它们,至于它们在时间的长河中,被历代知识分子和普通百姓如何打磨过,却知之甚少。

也许,将动物名字从《诗经》里扒出来,是一项有趣的事情。

这是我夜晚的享受。因为这是埋头于祖先的歌声中的快乐工作。

大多数动物都是今天中国人亲眼见过的,也有少数已成为珍稀品种,变得高贵起来。但这种高贵所蕴含的危机,足以令今天的人们惭愧。而且,我们也不像祖先那样,喜欢将动物编进歌词,显然,随着生存能力的提高,动物在我们生活里,已经被大量出现的肉类食物贬低了。

——同样是食物,动物们在三千年前养育了中华文明,而今却成为文明的牺牲品。这个意义是完全不一样的。前一种方式的死亡,在人类发展史中更具有神圣意义,而后者,是相对庸俗的。所以,祖先愿意使所有生活中遇到或用到的动物——包括苍蝇、老鼠——唱起来、跳起来,其中流露的人与自然的亲切感,是今天所罕见的。

虽然我们并不愿意回归到三千年前的生活环境和生活方式,但,内心深处一种隐隐的渴望,却难以描述和消除,那就是:如果能在享受现代文明生活的同时,像祖先们那样自由奔放于花草、动物繁多的旷野,该多好啊……

旷野大多死了。

　　动物们还在，但它们不在那个旷野了。

　　三千年的世界变化或颠覆，很大很大。

　　这是我夜晚翻阅《诗经》的一点情绪波动。好在，越来越厚重的动物们，用各种被填充的文化趣味，消弭了部分遗憾。将它们单独拿出来赏玩，发现有《诗经》的朴素和单纯做底色，这个世界就仍是有希望的。因为，一代代的人能从那么苍茫的旷野里走出来，造就如此绚丽的世界，就一定有更高的智慧来塑造和维持一种真正的美。

　　这种真正的美，既是人工斧凿的，也是符合自然的。就像猎人养育的鹰犬一样，它们既是宠物，也是战士——即便在离开人群之后，它们也能深深地融于旷野，不被曾经的人味污染、戕害，在树林里、河流边自由散漫地流浪。

　　本书选取《诗经》中40种动物，将它们沾染的人味大致表现出来——我是指文化层面。因为从这个层面可以有很多说道，是《诗经》本身没有提供的。但作为我们的文化原典之一，《诗经》的朴素与单纯中，蕴藏着与大自然一样的辽阔与壮美，后来的某些文化发展，都不过是站在其肩膀上而已。所以，朴素与单纯，才是真正的价值所在，如阳光、空气和水。

鸡：「五德之禽」，一叫千门万户开　063

枭：现代版《诗经》里的一个逗号　069

鹈：从吉祥物到晦气物，颠覆得太狠　075

鹳：庞大而沉重的早期消防队员　081

鹉：昏蒙蒙的天幕中，它一刷而过　087

鸥鹚：吉祥物、晦气物、预言家兼色盲　093

仓庚：鸟和人，灵魂属于天空　099

鹤：一身仙气的「胎禽」　105

鸳鸯：时代不同了，慎谈「兄弟鸳鸯情」　111

鹰：做人当自强，做鸟别当鹰　117

鹭：怀着闲心与它玩耍　123

鹭：万民几鸥鹭，四海一池塘　129

桃虫：微贱自足，快乐幸福　137

脊令：人情冷暖，小鸟岂可参与　143

桑扈：从「爪哇麻雀」到唐太宗儿子　149

鼍：史前时代的蛛丝马迹　215

鳖：王八之大者，三百多斤　221

龟：早期人与神的通信工具　227

戚施：癞蛤蟆与天鹅比肩齐飞　235

贝：光泽映射这个夏天的晚上　241

· 目录 ·

飞鸟：翱翔其羽

凤凰：相信它总有一天会灿烂展现　003

雁：它掠过月球略带神秘味道　009

雎鸠：鸣叫了两千多年的爱情鸟　015

鹊：喳喳，似坚冰破裂的声音　021

雀：『君子』报仇，三千年未晚　027

燕：是去年那一对情侣吗　033

雉：连同野鸡的名称，一起退步　039

乌：认识的人越多，就越喜旷野　045

鹩：鹡鹩『嗦里寻豌豆』，你『穷』凶极恶　051

鸠：它无需大鹏鸟的志向　057

游鱼及其他：烝然汕汕

鲨：读古人，流馋涎，不算失敬　157

鲂：一鱼甩尾，王室如煅　161

鲤：小心，别把这种鱼淹死了　167

鳢：这类消息不发布较妥　173

鲦：不但下饭，更能下酒　179

鳡：红烧、炖豆腐，给新妈妈催乳　185

鳘：一尾被重新认识的鱼　191

虺：不是蜥蜴，是蛇　197

蜴：不是蜥蜴，是蛇　203

蝎：画蛇添了足，就是它们　209

飞鸟
翙翙其羽

凤凰

凤皇于飞
翙翙其羽
亦集爰止

相信它总有一天会灿烂展现

人类有收藏的癖好，或曰天性？上世纪八十年代，火柴皮就是一种藏品。但对于我们一帮小孩而言，收藏它是为了在课间斗一场。

在物以稀为贵的原则下，罕见的"凤凰"火柴皮最"值钱"，谁有它，能通吃其他伙伴的火柴皮。但后期的比赛程序，你也可能输了这张"凤凰"，那是非常痛心的。

我就输过。迫不得已，攒零钱去买这种精装火柴，然后把火柴全部掏出来，剪下包装盒的皮，揣兜里。第二天上学，再斗。

> 凤皇于飞，
> 翙翙其羽，
> 亦集爰止。
>
> （《大雅·卷阿》）

《卷阿》说的凤凰，未必不存在于当时。学者们所见的早期凤凰形象，有距今约 6700 年的浙江河姆渡文化遗址"双鸟朝阳"

象牙骨器，还有距今约 7400 年的湖南高庙文化遗址白色陶罐上的凤凰纹。这两地的老祖先生活在所谓的"原始社会"，彼此距离很远，却拥有相似的"凤凰文化"，也许不是想象力的偶然重合呢？

我内心希望凤凰与龙、麒麟一样，都是曾经真实存在的动物。如此，则更有信心对远古传说致以历史学、地理学、生物学的敬意。因为现代人太迷信"科学"了，乃至很长时间里，老祖先的文化遗产都被蒙尘。而现实证明，这对一个民族、国家的群体认同感绝非好事。《山海经·南山经》说——

> 丹穴之山，其上多金玉。丹水出焉，而南流注于渤海。有鸟焉，其状如鸡，五采而文，名曰凤皇（凰）……

注意"其状如鸡"！后来民间关于凤凰的形象表现，基本没远离此说。更准确地说，这个鸡应指公鸡，母鸡没有那种气势。但鸡太生活化了，本身不能代表凤凰形象，所以，如果凤凰是多种鸟类形象的集大成，肯定还有鹰、雀等影子。这个猜测是基于古人虚构凤凰的前提，但我刚才说了，我并不希望凤凰未曾来过中原、中国。《尚书·益稷》道——

> 《箫韶》九成，凤凰来仪。

这是说大禹治水成功后举行盛大庆典，凤凰来了。据历代学者研究,《尚书》是上古重要的国家文件集,总不会创造什么《哈利·波特与凤凰社》吧?那么大禹时代所见的凤凰,很可能是真实的一种大而美的鸟。之后的《国语》《史记》等典籍中也有凤凰出现的记载。比如周朝勃兴时,宝鸡岐山有凤凰鸣叫等,都是祥瑞来临的预兆。

在后期传说中,凤凰越来越脱离人民群众。因为它"非晨露不饮,非嫩竹不食,非千年梧桐不栖"。尤其最后一个条件,几乎从根本上限制了凤凰进入人世。越是看不见,越是增加神秘感,然后产生更多的传说。比如《尔雅·释鸟》中郭璞描述凤凰的特征是——

鸡头、燕颔、蛇颈、龟背、鱼尾、五彩色,高六尺许。

就是说,除了过去鸟的形象集合,又增加了蛇、龟、鱼的元素。至于"高六尺许"的根据何在?谁量过凤凰呢?传说到如此细致的地步,反倒不可信了。虽然我相信真正的凤凰只是藏起来了。

当代人对凤凰形象的塑造十分精彩,尤其到了婚庆、春节等时间,凤凰免不了要登台飞舞一番。它的绚丽中有雄伟,吉祥中有欢乐。人们通常将凤凰与龙并列,意思是阴阳和谐,龙凤呈祥。但在汉代以前,凤、凰是分开的,前者为雄,后者为雌。所以当时男人多有用"凤"做名字的。而今天名为"凤"者,基本是女性,且多是年龄偏大的乡村女性。

美国有个凤凰城。但英语中的"凤凰",与中国的凤凰差距应该很大吧?西方的"龙"就是凶恶的妖魔。他们的凤凰也许不坏,但吉祥意义不足,更多倾向于在战斗中主持一下正义之类的工作,平时西方民间也不太在乎凤凰形象。

所以,凤凰于中国人而言,更有类似龙的亲切感。虽然我从没见过它,但,我相信它总有一天会灿烂展现。就像《大话西游》里的紫霞姑娘,期盼孙悟空的到来一样。

每念及此,多少有点伤感。

雁

迨　士　旭　雍
冰　如　日　雍
未　归　始　鸣
泮　妻　旦　雁

它掠过月球略带神秘味道

记忆中有一首歌很好听,电影插曲《雁南飞》。那时我还是个小学生,在二十世纪八十年代初能听到这样的歌非常难得。

我的几个堂姐也喜欢。有天晚上,部队干休所对面大院重放此电影,她们急匆匆地拉我去看。那边早已人满为患。虽然不是新电影,观众照样如堵。那个时代,一部电影反复看很正常。

而对于我的堂姐们来说,只是为了听这首歌。因为那时录音机尚未普及。

> 雍雍鸣雁,旭日始旦。
> 士如归妻,迨冰未泮。
>
> (《邶风·匏有苦叶》)

很少有人近距离见过野大雁,除非它死了。

这种野鸟每年都从我们头顶飞过,在视线尚能触及的遥远天空。它们还隐约发出像鹅一样的叫声,是一种并不特别好听的天籁。作为国家二级保护动物,大雁,它的生命就像它们秋天

飞过的蓝天白云一样,美丽而易逝。

金河秋半虏弦开,
云外惊飞四散哀。
仙掌月明孤影过,
长门灯暗数声来。
……

(杜牧《早雁》)

从西伯利亚飞到中国南方,再适时返回,大雁的辛苦无法揣测。唐朝诗人杜牧是在一天晚上听见大雁的声音,那时,一轮明月挂在纯净的夜空,不难想象大雁的身影掠过月球时略带的神秘味道。

古人非常喜欢大雁,仅关于它们的成语就有四十多个。而推崇得更用力时,则能上升到儒家最高境界——仁义礼智信。

它们列队飞行数千公里,绝对扶老挈幼,这叫仁;而对情侣的忠贞,近乎义,等等。这些美好的对应,在大雁就是自然状态,无需刻意学习、培养,但对于咱们——可就难得了。孔子若在世,说不定更愿意招收一批大雁做学生呢!

> 云中谁寄锦书来,雁字回时,月满西楼。

大才女李清照在《一剪梅》中,同样将月与雁相联,但比杜牧的诗句多了些希望和喜气。传统文化中,大雁的意象颇蕴含思念的味道,鸿雁传书就是一个相关的美丽传说。

作为一种"信鸟",大雁的出现与季节准确对应,好似人间看重的品格:言而有信、信守诺言。如果能将它们当成邮差,那么一切"信",都有了可靠的指望。

有意思的是,上古时代的中国人,喜欢用大雁作为定情、订婚礼物,也是看重它们的"信"。那么大雁所蕴含的另一层意义——深情——又因为"信"的保证,而上升到人类学习好榜样的高度了。

其实大雁并不如我们想象得那么真善美。它们的社会秩序也是通过争斗来确定的。为王者不但能优先享用美食,还能更多地占有异性。所谓对爱情的忠贞,在这里显出瑕疵。

大雁的集体荣誉感,也可能因为外部冲击而丧失。唐代诗人崔涂有《孤雁》曰——

几行归塞尽,念尔独何之。
暮雨相呼失,寒塘欲下迟。
渚云低暗度,关月冷相随。
未必逢矰缴,孤飞自可疑。

——当然这种深深的孤独感,对应的不是大雁,而是人。人的整体存在状态,可能确实不如雁群。至少大雁在确定社会秩序后,彼此就相安无事了,相互照顾、恩恩爱爱的,打成一片,很单纯。这与人群居后产生越来越多的分裂感,恰好相反吧?

同样的警惕性,大雁表现在为同伴站岗放哨上,而我们可能将警惕性针对了自己的同伴。所以古人努力赞美大雁的目的很

明显，是对同类、同胞的不满，借物喻人，以提醒注意。可是，当人需要向动物学习品格的时候，这价也掉得太狠了……

     雁引愁心去，山衔好月来。

——李白在《与夏十二登岳阳楼》时说。但愿我们都能像谪仙一样心胸宽阔些，对同类简单些。

雎鸠

关关雎鸠
在河之洲
窈窕淑女
君子好逑

鸣叫了两千多年的爱情鸟

有一天我对太太说:"年轻的时候,我们像一对鸳鸯;而年老的时候,我们就是一对雎鸠。"

太太正准备炒菜,手里拎着把亮闪闪的铲子,回头问:"为什么呢?"

我说:"鸳鸯色彩斑斓,感觉年轻;而雎鸠毛色偏暗,还是国家一级重点保护动物,所以呢,对应我们老年。"

太太握着铲子沉思片刻道:"那现在呢?是鸳鸯还是雎鸠?"

我说:"中年,大约就算斑鸠吧?仍然到处飞的,也没那么珍稀……"

看官,有点伤感了吗?希望您此刻是一只鸳或鸯。

> 关关雎鸠,在河之洲。
> 窈窕淑女,君子好逑。
>
> ——(《周南·关雎》)

我们先祖在提及动物时,往往喜欢赋予其象征意义。这在

《诗经》中见惯了。雎鸠这种鸟儿,便象征坚贞的爱情,那时候,其地位可能比鸳鸯高。

雎鸠"关关"的叫声里,有几千年文明流淌,而它们栖息的"河之洲",现在不多见了,即便有,可能也盖上别墅,修建了柏油路。作为一种水禽,雎鸠如今生存一定艰难,像我这"70后"一代人,难得有见过雎鸠的吧?

不过,雎鸠到底确指什么鸟儿,至今也不能说有了定论。我个人其实偏向于"白腹秧鸡"一说,这是台湾张之杰先生的看法。他说,白腹秧鸡的叫声是"苦哇、苦哇",连读音近"关关",让我感觉很震撼。

为啥?

因为我诞生的那天清晨,爷爷的屋子附近,正好有秧鸡"苦哇、苦哇"地叫唤。老人家认为不吉利,火气上来,抓一根竹竿就冲出门,在田埂跑一圈,将秧鸡撵跑。我很感谢老人家,可惜他在我一岁多的时候去世了。作为一位中国农民,我爷爷那一辈人还有很多机会见识来自《诗经》的动物,而之后就渐渐困难了。

又一说与上文偏差很大,说雎鸠的巢穴筑在树洞里,那么它就与秧鸡没关系了。只是叫声也接近"关关"。这个我不愿意相信,水禽大多在沙洲、草丛做窝,比较大的鹭鸶,则喜欢站在树上。钻树洞的,更适合猫头鹰、啄木鸟之类吧?我还有一个隐藏的想法或偏见是:水禽比较优雅,而钻树洞的鸟比较粗俗。所以雎鸠不该在树洞筑巢。

可惜老祖先们对此也莫衷一是。

辞书之祖《尔雅》释雎鸠为:"鴡鸠,王鴡。""鴡"亦作"雎"。但它没说这鸟的形状、特性。

郭璞后来注曰:"雕类,今江东呼之为鹗,好在江渚边食鱼。"这一看就是猛禽,与象征爱情的那个意象似不匹配。

而师旷在《禽经》中就说得更斩钉截铁了:"王雎,雎鸠,鱼鹰也。"这让我油然想到鸬鹚。鸬鹚却是很丑的。

总之,以上解释都使我不得开心颜。坦率地说,我并不是从生物学的角度来要求的,而是从《诗经》的美,来要求雎鸠

是个什么鸟儿。我觉得这一点对欣赏开篇诗非常重要。弄两只猛禽在"河之洲""关关"叫,似乎听不到爱情的温柔和浪漫,倒是感觉多了一丝风险。

作为隐喻爱情的鸟儿,雎鸠在《诗经》上鸣叫了两千多年,已成为中华文明的一粒经典元素。所以,后来的各种论争中,我除了喜欢台湾张之杰先生的看法,还喜欢中科院动物研究所时培建先生的"彩鹬"一说。这种鸟我没见过,只知道它们夫妻也喜欢生活在稻田或河滩中,雌鸟比较艳丽,声音也是"关——关——"的。

那么这篇文章就可以初步做个私人结论了:雎鸠"应该"是秧鸡或者彩鹬。

为了保卫《诗经》文学意象之美,我也是拼了。

鹊

维鹊有巢
维鸠居之
之子于归
百两御之

喳喳,似坚冰破裂的声音

1982年冬天某日傍晚,我从地上捡到一只喜鹊。母亲说"打浪"(清洗)一下烧给我吃。然后我就去张小三家,借了本《木偶奇遇记》,回来趴在桌子边看。

母亲端出一碗鲜美的喜鹊时,那本薄书我已经看了四分之一,深受吸引。童年时代的我,幸好住在一座晚清地主庄园改建的中学校园里,否则,很难遇见这么好的读物。

那是我第一次看《木偶奇遇记》,也是第一次吃喜鹊。因为体小,母亲是加了鸡蛋,将喜鹊炒出来的。正好一满碗。

那是我人生之初非常美好的一夜。

我还记得贫穷校园教室里微弱的灯光,根本无法照暖那个朴素的时代……

> 维鹊有巢,维鸠居之。
> 之子于归,百两御之。
>
> (《召南·鹊巢》)

数千年前的喜鹊,在《诗经》中是一样的和美。

朱熹在解释此诗时说:

> 南国诸侯被文王之化,其女子亦被后妃之化,故嫁于诸侯,而其家人美之。

——这与很多动植物在《诗经》中被牵挂于贵族生活,是一脉相承的。

后世研究者进一步指出,鹊比喻新郎,而鸠代指新娘,那么《鹊巢》的浪漫与温馨,从上古就作为象征,开始流传、演变各种吉祥的味道。

过去年画中多见"喜上眉梢",即喜鹊站在梅花枝上。在缺乏绿色和花朵的寒冷冬天,雪地里如果有一两只喜鹊喳喳叫,确实增添了大地生机。人的心灵为之一动,仿佛那就是坚冰破裂的声音,遐想就可以在热茶的香气中弥漫了。

喜鹊带来的是一种生活气氛。而作为野物,它也是最贴近人类的。越是人类聚居处,越是常见喜鹊,反之,则罕见。喜鹊的近亲乌鸦,可能因为毛色和叫声不如喜鹊优美,在很多民族的观念中,都达不到喜鹊的受欢迎程度。可见"以貌取人"一说的外延,是很大的。

连乾隆皇帝都很关注喜鹊。其实故宫那里更多的是乌鸦,清朝皇帝们的目光,难免与乌鸦有更多的交集,但这位声誉仅次于康熙的皇帝却咏道:

喜鹊声喈喈，俗云报喜鸣。
我属望雨候，厌听为呼晴。

——里面借喜鹊表达一种忧国忧民的情绪，似乎为证明自己是个好皇帝吧？在此，喜鹊仍是一个意象，主角是藏在诗后的乾隆自己。与《诗经》中的《鹊巢》相较，这几句比当时的土话，更多了一点市井打油的味道。

我有个猜疑：乾隆是不是觉得自己与喜鹊有关呢？因为古代对喜鹊还有个称谓：乾鹊。在民间普遍视喜鹊为吉祥鸟的时候，

其实北方另有一种看好乌鸦而漠视喜鹊的民间氛围。宋朝图书《墨客挥犀》有载——

> 北人喜鸦声而恶鹊声，南人喜鹊声而恶鸦声……

——难道乾隆皇帝不知道吗？抑或是到了清代，北方民间渐渐改变了对喜鹊的看法？

民间对喜鹊的推崇，很单纯，也是对喜鹊的"主流认识"。所以它代表吉祥的地位是不可动摇的。历代很多文艺大家都用作品向喜鹊致敬，连文豪们都不能免俗——

> 喜鹊翻初旦，愁鸢蹲落景。（苏轼）
> 终日望君君不至，举头闻鹊喜。（冯延巳）

现代人延续了这份美好感觉或说期待，可以拿齐白石的《喜鹊登梅》、徐悲鸿的《红眉喜鹊》等等为代表。而英格兰纽卡斯尔联足球俱乐部，直接就以"喜鹊"为绰号和吉祥物。

《鹊巢》从婚礼赞歌流传到今天，内涵被后世学人阐述得越来越丰富，也越来越可疑，不变的是其中喜鹊的意象，永恒吉祥。

雀

谁谓雀无角
何以穿我屋
谁谓女无家
何以速我狱

"君子"报仇,三千年未晚

一个夏天的深夜,电闪雷鸣,狂风大作,暴雨倾盆。

我家门前一排清朝末年栽种的粗大法梧树上,栖息着无数麻雀。因猝不及防,被暴雨打下树枝,狼狈不堪。

隔壁的年轻老师们一起出动,在地上到处抓捕麻雀,收获好几桶。

然后,他们将麻雀清理干净,还分给我母亲数十只。母亲用最简单的油炸方法,将麻雀香喷喷地端出来……

那时我7岁。第一次吃麻雀。印象中并不特别鲜美,至今再没吃过。

> 谁谓雀无角!何以穿我屋?
> 谁谓女无家,何以速我狱?
> ……
>
> (《召南·行露》)

先民对麻雀好像不大喜欢,如诗中提及的,它善于损坏房屋。

仍然回到我的童年,好像是 11 岁的时候,我在古老的地主庄园改建成的校园里走,看见一只麻雀钻进老师办公室窗下的瓦檐。这下可以掏鸟蛋了!

攀窗而上,伸手进瓦片下,果然有个热乎乎的鸟窝,里面有一枚蛋。掏出细瞅,麻麻的,不漂亮,像个大花生米。我不想伤害它,把玩一会,依旧放回去。之后每想起来,就去掏出看看。

终于有一天,我发现:蛋仍在,而麻雀不来了。也许它死了,也许我手的味道污染了它的窝,威胁了它……

屠格涅夫、老舍等人,都写过麻雀,对它颇怀好感。在屠格涅夫眼中,麻雀甚至像个勇士。

但这种与人类生活圈子很亲近的鸟儿,有段时间成了"四

害",被亿万中国人追杀。据父亲说,那会儿全员出动,敲锣打鼓、鞭炮齐鸣、举杆挥棒,不知杀死、累死多少麻雀。

当年在《诗经》中破坏咱先祖房屋的麻雀怎么也想不到吧?"君子"报仇,三千年未晚呢!

因为太接近人类生活,所以麻雀这种鸟儿,比一般动物更像我们的亲戚。很多格言俗语,都与麻雀有关——

宁做蚂蚁腿,不学麻雀嘴。

这话依然是对麻雀的否定,但目的是提醒人自己:少说多做,要务实。歇后语中使用的麻雀也很多:

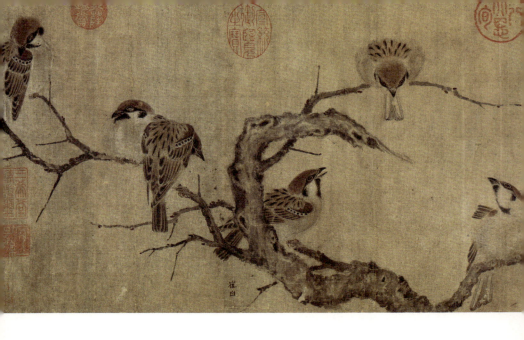

麻雀开会——细商量　　麻雀飞大海——没着落

麻雀飞到旗杆上——鸟不大，架子倒不小

这些说法妙趣横生，但最终指向都不是麻雀，而是与人有关的某些状态。从另一层面看，其实人已经离不开没有麻雀的生活。即便彼此间没有严密的依存关系，但，就像家里养的一只宠物，一旦失踪，心里总显得空了一块吧？

麻雀的厉害就在于，它坚定地要与人类共存，像一个死缠烂打的无赖一样贴着你，从心理上不断影响你对它存在的认同。

清代曾流传一首关于麻雀的打油诗——

一窝两窝三四窝，五窝六窝七八窝。

食尽皇王千盅粟，凤凰何少尔何多！

据说这是为了讽刺一些庸人。看着咱身上冒冷汗。因为在那么个社会环境,可能得罪很多不相干的人。

这世上庸人的确如麻雀一般多,但这不是什么罪恶。我认为,没有我们这些庸人的世界,是一个不可思议的世界。都是你李调元或牛顿、爱因斯坦,大家还能吃饭、逛街吗?我们庸人是组成这个世界的主要内容,没有我们,你那剧本无法写,科学发明没人用。你们这些才华横溢的人士,完全靠我们庸人的衬托。

这,就是我作为庸人的宣言!你可以把我比作麻雀,我也承认你是一只雄鹰。但没有我,你真的不好混!

况且,麻雀肉有温补壮阳、益精、温肾、益气、暖腰膝、缩小便等功能,你又怎么能断定庸人对这个世界,没有出乎意料的营养价值呢?

燕

燕燕于飞

差池其羽

之子于归

远送于野

是去年那一对情侣吗

外公在世的时候,很看重屋梁上那窝燕子。

在我幼小的记忆中,燕子一家很少骚扰人类,只是偶尔从上面飘下一片羽毛或枯草,外公却不生气。有一次舅舅要捣毁燕子窝,还被外公吼了一顿。原因是:它代表家庭兴旺吉祥。

燕子的身影极为轻盈,来去迅速、无声。外公家的大门不高,有一次我专门坐在板凳上,看燕子如何飞进飞出,却从来没有看清楚。反正就是一道灰影,一闪而过。

小燕子嗷嗷待哺的时候,老燕子进出比较频繁,那时它们会消灭很多虫子。

我喜欢小燕子黄黄的嘴丫,大张着迎接老燕子……

那是我童年听过的声音,现在想来,很模糊、很陌生了……

> 燕燕于飞,差池其羽。
> 之子于归,远送于野。
> 瞻望弗及,泣涕如雨。
>
> (《邶风·燕燕》)

我们祖先刚从地窝子里爬出来建设正规房屋的时候，别说铁器，连青铜都难得一见。生产力极其低下，所以屋子也盖不高。即使贵族、王室，那屋子也无法与今天任何一座楼相比。所以那时的燕子，可能主要还得在山崖、大树上筑窝。

燕子与人类的亲密关系，是随着较高大房屋的增多，而开始贴近的。所以这种亲密关系与人类生产力发展大约成正比例。

燕子很早就明白一个"哲学道理"，与人类的关系不远不近——最美。比如我外公家的屋梁，大约离地面5米。燕子窝筑在上面，人难以触碰，外面的鹰隼等野物更难侵犯，它们既不妨碍人类生活，也能保证自己的安全。

> 燕子来时新社，梨花落后清明。
>
> （晏殊《破阵子·春景》）

作为候鸟，燕子与季节有极大关系，所以成了词人笔下春天的先行者、象征物。这里面有一种喜悦，是人对世间景物表现的生机怀有的莫大期盼。这种美好感觉比秋天得到的收获不差。

因为与美好季节对应，所以燕子理应代表吉祥、喜庆。很多画作中都有它灵动的身影，包括年画。儿童稚嫩的歌喉中，也会飞出些燕子来——

> 小燕子，穿花衣，年年春天来这里……

我们已从视觉的远处、感情的深处,接受了燕子。小时候看燕子窝,总想着进去住住,这种想法很容易萌生童话作品。

稍长,看了《水浒传》,对燕青印象深刻。他居然姓燕呢!因为燕子的形象更接近女性,安在这个男性武侠的身上,显得不大协调似的。

唐朝有个叫任宗的男士,江湖漂泊数年,其妻郭绍兰思念无限。一天,正在荆州忙活的任宗,忽然遇到一只燕子,落在肩膀,脚上系了一小卷纸,拆开看,竟是妻子写的信——

> 我婿去重湖,
> 临窗泣血书。
> 殷勤凭燕翼,
> 寄于薄情夫。

浪子终于感动、回头,夫妻得团聚。当然这个传说不可信,因

为燕子无法训练成信鸽。它们与人的距离感是永远的。但这个故事也表现了咱古人,很早就将燕子人情化了。所以这个故事也算童话之一种。

更多对燕子的人情寄托,都表现在爱情、思念等等范畴。

泪眼倚楼频独语,双燕来时,陌上相逢否?

(冯延巳《蝶恋花》)

燕子作为贞鸟，比鸳鸯不差。它们成双成对自由翱翔，颇有些人类向往的爱情境界。很多诗词中都用它们对比人的爱情，并产生惆怅、羡慕等等情绪。它们当时在文艺作品中的地位，大概相当于今天影视剧中的男女明星。

可惜真实的燕子并不自由，因为吃荤的生活习性，决定了它们无法度过北方的冬天，每年必须背井离乡，到南方田野、海岛上寻找食物。这一个来回，就是数千公里，消耗是极大的，包括途中丢掉的性命。

> 山河风景元无异，城郭人民半已非。
> 满地芦花和我老，旧家燕子傍谁飞？
>
> （文天祥《金陵驿》）

也许第二年燕子归来，就不是去年那一对情侣了。甚至它们住过的房屋也不在了。世事变迁，有时比季节还迅速、巨大。很多燕子都见证过历史吧？在人世的风云变幻中，人自身的生存都难保障，更何况燕子！唐朝韦庄说得更直白——

> 去岁辞巢别近邻，今来空讶草堂新。
> 花开对语应相问，不是村中旧主人。

一叹。

雄

雄雉于飞

泄泄其羽

连同野鸡的名称,一起退步

六岁那年夏天,我抱着一个红腹锦鸡的标本,拍了张黑白照片。地点是秦岭脚下某军队干休所大院。

锦鸡标本是我二伯父的。当时有两只,后来我玩断其中一只翅膀。堂姐很生气,打了我屁股,然后用胶粘补完事。

红腹锦鸡是一种野鸡,毛色鲜艳,很漂亮。与我近年在合肥野外看到的野鸡不一样。常见的野鸡多为母鸡,毛色有点土褐色,体形比喜鹊大一倍左右。公野鸡较难发现,但容易听到,它们躲在田野深处,叫声是"刚!刚!",缺乏美感。

但有了它们的声音,田野忽然有一种神秘的鲜美味道……

> 雄雉于飞,泄泄其羽。
>
> (《邶风·雄雉》)

古人把君子喻为雉,是因为野鸡乃"耿介之鸟也"(《韩诗章句》)。所以它虽然在鸟类中并不显得有档次,却能得到帝王的欢心。看过历史剧的人,会注意皇帝左右侍从举的很长像扇子一样的东西,那可能就是雉尾扇,用野鸡毛做的。

小时候我还注意到唱京剧的演员,头上竖立两根漂亮的毛,很飘逸,大人说是雉鸡毛。朦胧中,觉得那代表身份吧?因为小人书中的孙悟空,在花果山称王时,头上也有两根长长的雉鸡毛飘舞。

所以我最初就没把野鸡与食品联系起来。那时代,人们不讲究野味。毕竟野鸡比家鸡肉少。到了今天,吃野鸡会犯法的。餐馆里供应的野鸡,都是养殖的。有一次我在合肥紫蓬山一个小镇餐馆吃野鸡,老板说这种养殖的野鸡,肉不如他当年吃过的真野鸡。真野鸡肉烧好后,有点蓬松感,吃起来不黏糊,鲜美味道中有谷子香,不腻。我当时很生气,因为他说的完全是一种无法想象的美好滋味,导致我眼前的野鸡不堪吃了。

> 棒打狍子瓢舀鱼,
> 野鸡飞到饭锅里。

——野鸡横飞的岁月,也许很贫

穷，但自然生态富裕。上世纪上半叶的东北人，不愁没野味吃。这则民谣流露的满足感，实在令人艳羡。

想起小时候看《林海雪原》，杨子荣和土匪们在林子里吃老虎肉什么的，馋得慌。倒不是有人说老虎肉鲜美，而是他们竟然随便就能获得肉食。这也是发生在东北的事情。

又有一道传统名菜叫"小鸡炖蘑菇"。而在东北的森林周边，直接用野鸡炖蘑菇可能性更大些吧？两种野味的鲜香一合并，还有哪位厨师敢说自己手艺高超呢？

> 白雉振朝声，飞来表太平。
> 楚郊疑凤出，陈宝若鸡鸣。
> 童子怀仁至，中郎作赋成。
> 冀君看饮啄，耿介独含情。

唐朝诗人李峤笔下的白色野鸡，是吉祥鸟儿，有凤凰气质。据说古人关于凤凰的意象，就借鉴了野鸡。在我的记忆中，凤凰形象总体偏红，与我小时候抱过的红腹锦鸡标本确有相似处。那么野鸡这种鸟儿，高贵的本质不但介入了君子的形象，还上升到神话空间。

可惜它们的生活空间越来越小，连现在野外比较常见的野鸡数量，也很有限，受到法律保护了。行走在田野里，能有诸多野鸟相伴，是惬意的，富有想象力的。因为忽然蹿出一只野鸡，扑棱棱、歪歪扭扭地从眼前飞过，一定会让人惊喜地撵过去，叫

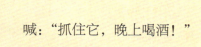

喊:"抓住它,晚上喝酒!"

旅食缥衣馆,飘蓬怳自迷。
树横寒雾远,山隐古原低。
愁暮空庭雀,惊晨别野鸡。
故人何处在,依约玉绳西。

——司马光的诗中,就有一只惊飞的野鸡。但里面没有食欲,只是离别友人的淡淡忧伤在空气中飘浮。感觉古人一生所见的野鸟是那么多,自然生态是那么优美,某种意义上,倒衬托咱今天生活退步了。

连同野鸡的名称,一起退步了——现在人不怀好意地提起"野鸡"时,真的无法幻想那种"鲜美味道中有谷子香",而是一些可怜的美女身上的化学香料。这是对具有君子和凤凰特质的野鸡的大不敬。

乌

莫赤匪狐

莫黑匪乌

惠而好我

携手同车

认识的人越多,就越喜旷野

克雷洛夫寓言中有一则《乌鸦与狐狸》。三十多年前,父亲买来这本彩色小画册,我不知翻阅多少遍。所以我对乌鸦的最初印象是:愚蠢。

之后上小学,语文课本中有《乌鸦喝水》一文,又推翻了我幼时对它的不良印象。

我所见到距离最近的乌鸦,在三楼阳台。对面树枝上偶有乌鸦停留,眼睛清晰地与我短暂交流,彼此却并不懂得。

我谈不上喜欢乌鸦,但也不讨厌。它做它的鸟,我做我的人。上天生我们,似有意隔开来,免得在一起产生争执。

> 莫赤匪狐,莫黑匪乌。
> 惠而好我,携手同车。
> 其虚其邪,既亟只且!
>
> (《邶风·北风》)

乌鸦的叫声败坏了它的形象,很早就被人归为不吉祥的鸟类,甚至给它起了个难听的名字曰"老鸹"。从以貌取人到以声

取鸟,都是一种情感好恶,没有道理可言。

乌鸦不在乎。它们的生存能力直追喜鹊、麻雀,对人并无太高要求。而且在乌鸦的世界里,有些举动不亚于人的高尚,比如反哺。这一点与羊跪乳并称,出现在李密的《陈情表》中,使李先生找到一个脱离政治漩涡的借口。

后来的动物行为学家说,乌鸦是智商很高的动物,不但能模仿人说话,还能计数到 7。在我的猜测中,这个智商大约可以诞生非常原始、简单的文化了吧?

"乌鸦的叫却是承认腐败的表示。使人仿佛听到了坟墓打破寂静的声音。乌鸦的叫声有黑夜的味道。"

（雨果《笑面人》）

——作为一种普世存在的鸟儿，乌鸦被大大小小的人物都骂过。以雨果的分量，会加重乌鸦的自卑心理吧？好在更多的中国诗人不像雨果那么怀有偏见，在他们的诗中，即便没有很多赞美，却也不那么否定它。

梁园日暮乱飞鸦，极目萧条三两家。
庭树不知人去尽，春来还发旧时花。

（岑参《山房春事》）

——这里的乌鸦没什么罪恶感，它们只是带来一点萧飒意象，但不必为此负责任。而在文学审美的层面，它们价值挺不错。现代作家鲁迅先生也写过乌鸦，且不怀恶意——

血沃中原肥劲草，寒凝大地发春华。
英雄多故谋夫病，泪洒崇陵噪暮鸦。

——咱不必因为乌鸦常常出现在气氛消沉低落的诗词中，就否定了它。因为在乌鸦看来，断垣残壁、坟墓荒野，是安全美丽的地方。以它们的聪明才智，选择生活场地肯定是有慎重考虑的，只要不是为了找到熟的米饭，还是离人群远点为妙。而人对人的一些思想感情，又何尝不接近乌鸦呢？有人就说，自己认识的人越多，就越喜欢狗。

《自然杂志》说我国有30种乌鸦，而全世界总共117种。它们在鼎盛时期，可以形成万只齐聚的壮观景象。但常见的还是冬天光秃秃的树枝上，站满乌鸦，仅这个阵势就让人惊叹了。它们的群居性格，也常常表现在古诗词中——

寒鸦散乱知多少，飞向江头一树栖。

（刘子翚《天迥》）

群鸦争晚噪，一意送斜阳。

（戴复古《访杨伯子监丞自白沙问路而去》）

——意象真的很美。文学审美又不是赏花，靠的不仅仅是视觉、嗅觉，更有精神层面的各种细微感受。这是理论不能陈述的东西，只能认定为伟大直觉吧？

乌鸦给我们祖先的直觉感受，除了文学，还颇有些哲学意境呢！或者说，在我们祖先那里，文学与哲学是一体的。这一点与西方人区别很大，他们喜欢搞理论体系，硬邦邦坚不可摧似的。在我看来，还是自己祖先弄的哲学最有文学味道，很亲民，一首好诗词，就能让人品啧一生。

马致远的那首《天净沙》人们引用太多，今另拿元代曲作家白朴同题作品赏玩——

孤村落日残霞，轻烟老树寒鸦，一点飞鸿影下。青山绿水，白草红叶黄花。

——大约12个名词，将一片辽阔的世界勾勒成形。这是在讨论构建世界的本质问题吗？如果是，那么，这个世界原本简单。我就得为本文的标题，向读者道歉。

鹑

鹑之奔奔
鹊之彊彊
人之无良
我以为兄

鹌鹑"嗉里寻豌豆",你"穷"凶极恶

野生鹌鹑在合肥田野罕见,在菜市场能偶遇:装在笼子里,形容猥琐。作为一种非常朴素的鸟儿,鹌鹑很不起眼,也难引起我的食欲。

但其卵较可口。麻点点的,不大也不美,做成松花鹌鹑蛋,用小碟装了,放醋、蒜泥等,一口一个,男女老少咸宜。

清朝文官服前的补子,有各种鸟,其中之一是鹌鹑,对应八品官。所以这鸟儿还真不能小看了,因为比它叫得响的黄鹂、喜鹊,都没资格去"当官"呢!

> 鹑之奔奔,鹊之彊彊。
> 人之无良,我以为兄。
>
> (《鄘风·鹑之奔奔》)

先民将鹌鹑视为纯洁的鸟儿,貌似遵守道德伦理,很"鹑朴",比人还要干净。这首诗便是讽刺卫国王室的淫乱生活。

可见那时的鹌鹑,已经和人民打成一片,是生活常见品,所以常拿它来说话儿。不过,还未能像鸡一样人工饲养,只有通

过狩猎获取鹌鹑。

在先民的田野里,杂草和灌木茂盛,这对鹌鹑的生活非常有利,因为这种不善飞的鸟,得靠腿躲躲藏藏,这一点与野鸡近似。

> 要吃飞禽,鸽子鹌鹑。

无法考证这句俗话的出处了,说不定来源于先民们的经验之谈。在我的记忆中,鹌鹑肉没什么惊喜,而鸽子肉竟有点腥味。这两种鸟体形较小,吃着不畅快。当然只是个人口味问题。

少年时代,翻阅父亲的古汉语课本,发现一首元曲,至今记得——

> ……鹌鹑嗉里寻豌豆,鹭鸶腿上劈精肉,蚊子腹内剜脂油……
>
> (《醉太平·讥贪小利者》)

虽是讽刺贪小利,却也指出鹌鹑这鸟小得不起眼。古人对鹌鹑的外貌不怀好意,"鹑衣"一词,就是衣衫褴褛的意思,形容乞丐或饥民之外貌,往往用它。因为鹌鹑的羽毛土灰色,看起来很破旧。所以,在这种鸟"嗉里寻豌豆",真是"穷"凶极恶啊!

古代医家对鹌鹑的说法,颇多赞赏和警惕。《本草纲目》认为它能"补五脏,益中续气,实筋骨,耐寒暑,消结热",而另一些医书则告诫——

共猪肉食之,令人生小黑子。

(《本草拾遗》)

食之令人忘。

(《七卷经》)

也不知是否有人验证?直觉认为这告诫不大可信,因为今天菜市场里出现于笼中鹌鹑,往往离猪肉案不远,又没见新闻说相关单位制止过!

《诗经》之后的战国时代,鹌鹑越发受到食客们重视,甚至被列为六禽之一。所以中国人很早就开始研究鹌鹑,尤其唐、宋以后的书籍中，对鹌鹑的生活习性颇有记载。不过，上世纪三十年代，上海引进人工饲养的鹌鹑，好像来自日本，而七十年代引进的，则来自朝鲜。

其实咱祖先从西汉时代就开始驯养鹌鹑，但目的是赛斗和赛鸣。显然不是一般本分百姓所做的事业。这一点就像发明火药造了鞭炮一样，将聪明才智浪费在小处。

后来，《唐外史》中说到，西凉少数民族将驯化的鹌鹑进贡给唐明皇，鹌鹑竟能随着金鼓的节奏争斗！此鹌鹑非彼鹌鹑也！之后的宋、明、清达官贵人赌博斗鹌鹑也很流行。康熙年间有本专著《鹌鹑谱》，特别阐述了如何调养能战斗的鹌鹑。而元曲中，有个曲牌名就叫"斗鹌鹑"呢！关汉卿用它填过一阕《蹴鞠》。

鹌鹑这种朴素甚至丑陋的小型鸟类，发展到这一步，算到顶了。它没有惊人的历史事件，也谈不上文化上的很多意象，还不如埃及人将其雕刻在金字塔内，更显得隆重呢！

鸠

于嗟鸠兮

无食桑葚

它无需大鹏鸟的志向

早年没有禁止气枪的时候,表弟曾借来一支,晚上带我去干缺德事——打鸟。

那个春天的晚上,乡村一片安宁,整个田野都在睡觉。我和表弟溜到村外一行树下,将手电筒对着树桠,忽然照亮,就看见里面栖息的斑鸠、喜鹊。

鸟儿遇见这种情况,全呆了,成了不动靶。表弟小心瞄准,鸟与枪口的距离,顶多3~4米,一打一个。好在其它鸟被惊吓后,会仓皇飞离,否则晚上不知能打下多少。

当晚,我们收获了大约3只鲜美的斑鸠。

于嗟鸠兮,无食桑葚。

(《卫风·氓》)

斑鸠虽是野鸟,却喜欢与人靠近。我家卫生间窗外,曾经住过一窝斑鸠。有时我隔着玻璃窗观察它,它竟然也瞪着小圆眼观察我。我尽量不惊吓它,因为多年前夜间杀害斑鸠的事情,一直令我后悔。

这窝斑鸠大概是看中了我家防盗窗的安全感。它将窝筑在栅栏里面，除了我，确实很难被其他人或动物干扰。我看着心里竟暖暖的。这弱小的鸟儿，不知道我多年前干过的事，否则，住在我眼皮底下，该是多么恐怖！凭它这份信任，我就永远不会再下手伤害了。

> 村南微雨新，平绿净无尘。
> 散睡桑条暖，闲鸣屋脊春。
> 远闻和晓梦，相应在诸邻。
> 行乐花时节，追飞见亦频。

唐代诗人温宪在《春鸠》里描绘这鸟雀，与我一样是近距离的。天地大美就在斑鸠"闲鸣屋脊春"中，展现为简洁的音符。除了机械、化学痕迹，唐朝的田野大概与今天的没很大差别。"行乐花时节"的斑鸠，与今天的斑鸠在心境上并无隔阂。

构成春天的很多因素中，斑鸠并不算醒目。它们的羽毛欠张扬，站在树上或草丛里，只要不动，就难以发现。咱们

现在讲究低调,而这一点对斑鸠来说,是它们整个物种的正常状态。人类的低调如果做得不彻底,那叫虚伪,就不如斑鸠。

《逍遥游》中庄周用知了与斑鸠嘲笑大鹏,阐释了"燕雀安知鸿鹄之志"——

　　我决起而飞,枪榆枋,时则不至而控于地而已矣,奚以之九万里而南为?

这里的斑鸠境界确实很差。好在并不代表真实的斑鸠。我家窗外那窝斑鸠，根本不需要大鹏鸟的志向，否则它整个物种会灭绝。既然是小鸟，就安于小鸟的身份，过小日子即可。

世界需要斑鸠、麻雀等等，而不需要很多凤凰。这一点完全符合道家思想。庄周也是道家顶级人物，难道不懂吗？肯定不是，上文必有更深的内涵，以后得继续揣摩……

绿桑高下映平川，赛罢田神笑语喧。
林外鸣鸠春雨歇，屋头初日杏花繁。

欧阳修的《田家》也将斑鸠安放在美图中。如果我少年时代就能熟读这类诗词，一定不会夜里去用气枪伤害它们。

那年，卫生间窗外的斑鸠孵出了雏鸟，浑身光秃秃的，我看着十分怜惜，却又不敢帮助它们，怕不小心带去惊吓和误会。斑鸠的诞生与成长，好像跨春夏季节，殊为不易。诗人眼中它们是景色，而在它们自己，却是艰辛生活。即便与我为邻十分安全，也不能保证窝里几只雏鸟全部成活。有一天，我亲眼看见一只雏鸟从窝里掉下去，再也没上来。

火斑鸠、珠颈斑鸠、山斑鸠及白斑鸠，在我国很常见。作为食物也好，作为观赏鸟也好，斑鸠与我们的关系越来越深切。有趣的是，很少有人会像李时珍那样看重斑鸠屎——用它与夜明砂一起做成粉末，可以治疗耳病。请问：你敢用吗？

鸡

鸡栖于埘
日之夕矣
牛羊下来

"五德之禽",一叫千门万户开

我确定自己是一岁半左右开始朦胧记事的。因为母亲说,我出世后,与他们在爷爷的草房里住到一岁半,才搬去另一个地方。

草房西边有鸡笼。隐约记得有一次,我爬到鸡笼里拿了一个热乎乎的鸡蛋。但吃它的时候,竟然是一个熟鸡蛋……长大后,回忆这朦胧一幕,我怀疑是母亲发现后,把生鸡蛋夺去,给我换了一个熟鸡蛋。

我还记得爷爷躺在病床上,用勺子给我刮西瓜汁喝的情景,而那时,我应该在一岁零两个月左右。

17岁的时候,我将自己对世界的最初印象,零碎地写在一个本子上。以上两件事比较重要。

> 君子于役,不知其期,曷至哉?
> 鸡栖于埘,日之夕矣,牛羊下来。
>
> (《王风·君子于役》)

各民族都有对鸡的古老记忆,流传千百年的文艺作品中,常常有它们鲜美的味道氤氲。当然,这么谈论鸡,貌似低俗,但脱

离餐桌谈鸡,即便不低俗,却有装清高之嫌。

小时候去外婆家过任何一个节日,都少不了吃鸡。作为一道主菜、硬菜,鸡至今还与猪肉和鱼统治着乡村的餐桌。

作为外婆的大外孙,我总是能享受鸡腿待遇,两个表弟只能得到鸡翅。我们将鸡腿、鸡翅顶在饭上,端着碗,坐在通往后院竹林的"跨窗"边,而狗就在我们腿边钻来钻去。这一幕对应了千百年来中国乡村的温馨生活,甚至包括一些经典诗歌,如"故人具鸡黍"(唐代孟浩然《过故人庄》),就是将鸡作为佳肴,表达主人的热情。

写作此文正值 2017 年春节，鸡年正月初五。全中国都可以看到鸡的形象，喜洋洋的。中国传统文化中的鸡，每 12 年就如此大放光芒。按照学者说法，鸡与人类建立亲密关系在 4000 年前，通过驯养，将野鸡变为家养的，之后慢慢提高产量。在十二生肖中，鸡是存在数量很多的动物，唯有龙和虎比较特殊：一个貌似虚构，另一个是濒危物种。

也许鸡还是人类最初的闹钟。"鸡鸣狗盗"这个成语，对应几个有趣的故事，其一是说有食客通过模仿鸡打鸣，孟尝君才得以顺利逃出函谷关。因为春秋战国那会儿，连把守关卡的军官，都相信公鸡司晨，按照它们的叫声，开始执行当天的开门任务。

在"鸡犬相闻"的古代农村，人与人之间的关系相对朴素单纯，对世界的认知，往往都是在这个基础上延伸，现在看来幼稚且可爱。比如古人将鸡视为"五德之禽"——因为头上有冠，代表"文德"；脚爪凶猛，意味"武德"；敢斗敢拼，谓之"勇德"；咯咯叫呼唤同伴吃谷子，流露"仁德"；到时间就打鸣报晓，则被誉为"信德"。古人甚至将新年第一天命名为"鸡日"，可见鸡在古代文化中的分量，远远超过它在餐桌上的那一盘子！

> 头上红冠不用裁，
>
> 满身雪白走将来。
>
> 平生不敢轻言语，
>
> 一叫千门万户开。

大才子唐寅在《画鸡》中如是赞美。不过专说公鸡。其实最可贵的，还是母鸡。过去女人坐月子，视炖老母鸡为大补之物。过年过节拎一只母鸡去看望长辈，亦表现大恭敬。公鸡的伟岸形象，更多地体现在画家笔下，日常人们倒不是很讲究饲养公鸡，因为早在它还小的时候，就被人们有选择地提前吃掉了。

当然，谈斗鸡是例外，这个必须公鸡上场。古人斗鸡走狗一直很流行，往往与赌博挂钩。外国人也有这恶习。

另外，公鸡还有其他一些精神层面的独特用途，比如道士可能用公鸡血驱鬼；结拜兄弟，也需要公鸡血来表达盟誓。但古人很不喜欢公鸡夜鸣，认为那是战争凶兆。

晋代人物祖逖和刘琨曾赋予公鸡励志意义——当他们还是少年的时候，就"闻鸡起舞"，那种积极报效国家的热情，在天蒙蒙亮的公鸡打鸣声中，熠熠闪光千百年了。

兔

弋　将
兔　翱
与　将
雁　翔

现代版《诗经》里的一个逗号

过去,野鸭根本上不得席面。可能因为它太小,肉不多吧?但我小时候吃过,记得是一个非常严寒的冬天,外公的村里有人在池塘发现野鸭被冰冻住了,于是小心踏着冰面走过去,轻松抓获。

对于有经验的人来说,正常抓野鸭只有两种方式:枪打,药毒。但后者很危险。

现在,据说野鸭被国家保护了,其中中华秋沙鸭,还是一级保护动物呢!对于野鸭来说,这是一份幸运,而对于人类来说,这只是看到自身生存危机之后,采取的自我保护措施罢了。

所以,野鸭永远无须感激人类。

> 将翱将翔,弋凫与雁。
>
> (《郑风·女曰鸡鸣》)

合肥市中心西侧的琥珀山庄,那里有很大的池塘,冬天能看到野鸭漂在上面。

野鸭很活泼,也很警惕。它总是与岸边的人保持相当距离。

它喜欢用潜水的方式迅速躲开。而当它忽然沉没时，猜测它从哪个地方冒出来，是我个人的一项小乐趣……这里《诗经》提到的野鸭，是作为食物的。先民用箭猎取它，包括大雁。不过那时候的野鸭一定很多，因为野外的环境好，所以，先民比我更有机会看到百十只野鸭聚集在一起的宏大场面。

《荀子·富国》中有句话，"然后飞鸟凫雁若烟海"——野鸭等鸟类数量，竟然都成衡量一个地区富庶程度的标准了！从自然角度看，只有风调雨顺，地面物质丰富，才能吸引和养育这么多野鸟吧？不过现代人更喜欢用这类数据，衡量自然保护水平。越是美好的野外，越是应该有这些野物活动，否则就缺少生机和诗意了。古人对野鸭的喜欢在文化中颇多表现——

<blockquote>因思杜陵梦，凫雁满回塘。</blockquote>

这是唐朝温庭筠《商山早行》中一句。野鸭和大雁象征的美景与幸福，当今难以看到。所谓现代化对诗意的破坏，在此可见一斑。宋代名著《东京梦华录·朱雀门外街巷》中说——

<blockquote>近东即迎祥池，夹岸垂杨、菰蒲、莲荷，凫雁游泳其间。</blockquote>

这依然是将野鸭等鸟类，拿来点缀皇帝身边的景色。当时野禽之多，令人艳羡。记得小时候与父母逛逍遥津动物园，看

到一个巨大铁丝网遮蔽上空的水池,里面有鸳鸯等野鸟,而鸳鸯也算一种野鸭。

古人有时也忌讳野鸭,说它们"数百为群,晨夜蔽天,而飞声如风雨,所至稻粱一空"。这好像把野鸭当蝗虫了!看来野鸭太多,对庄稼的威胁很大,而古人的抵抗能力却跟不上。

渔者观焉,乃具竿索,集朋党,兔趋雀跃,风驰电往,竞下任公之钓,争陈豫且之网。

——唐朝大才子卢照邻在《穷鱼赋》中,以野鸭的动态,形容欢欣跳跃的样子。而吕不韦则在《吕氏春秋·论威》中,用野鸭表现行动迅速,甚至与兔子并列——

知其不可久处,则知所兔起凫举死殚之地矣。

古代文化中用到野鸭的地方很多,可见它们与先民的关系非常密切,至少在人的视野范围之内,它们的身影从不缺少。乃至当代有些地方的名字，都还用到"凫"字：湖南省宁乡县有个"双凫铺镇"；山东省曲阜市有个"凫村"，还分为北凫村、南凫村、东凫村呢！

家鸭挺笨拙，与野鸭在行动上不是一个档次。野鸭最快的飞行速度能达每小时 110 公里！理论上说，野鸭从合肥到北京，9 个小时也就差不多啦！中国大约 10 个种类的野鸭，不知是不是都这么厉害呢？

春天即将到来，野外的池塘里，偶尔能看到三三两两的野鸭漂着。这道风景永远不会过时——您驱车经过的时候，会瞥见水面上的黑点，可能是野鸭，像现代版《诗经》里的一个逗号。请珍惜……

鹩

维鹩在梁
不濡其翼
彼其之子
不称其服

从吉祥物到晦气物,颠覆得太狠

1981年的中国乡村没什么书可读。那时我虽然与父母住在中学校园,但图书室除了报纸,适合学生阅读的东西甚少。所以,每个月等待邮局里卖的上海《少年文艺》和北京《儿童文学》,成为我心头要事。

第一次知道鹈鹕这种鸟儿,就是在《少年文艺》刊登的一则欧洲寓言里。说的是仙鹤请鹈鹕客,而鹈鹕大大咧咧,把饼干、牛奶吃一半撒一半。从寓言旁边的插图来看,合肥地区没有鹈鹕。当时我还以为它就是外国的鸟呢!

> 维鹈在梁,不濡其翼。
> 彼其之子,不称其服。
>
> (《曹风·候人》)

与鱼鹰(鸬鹚)相比,鹈鹕显然厉害得多。它下巴上的皮囊,可以装更多更大的鱼。并且,这个外形使它看起来更可爱。呆呆的,不像鱼鹰那么锐利敏捷,似比较亲切。

《候人》里的鹈鹕,现在已经消失于中国北方的大部分地区

了。据说世界上各种鹈鹕,几乎都列入受保护动物名录,只有澳大利亚鹈鹕没有濒危。我所见的活鹈鹕,都是在动物园里。它们已经没有野外的那种悠闲潇洒情态,而是寂寞地站在展览的地盘,做出哲学家思考的样子,浑身都是淡淡忧伤。从这个层面看,祖先比我们幸运得多,他们眼前的鹈鹕是自由的,活泼的,生机勃勃——

> 鱼不畏网，而畏鹈鹕。
>
> (《庄子·外物》)

——不知庄周所言的鹈鹕，是不是被驯化了？如果是，那么它们就与鱼鹰一样，早已成为我们祖先谋生的工具。我还从没见过鹈鹕站在渔船上的景象，那一定是很壮美的吧？它们非同凡响的头部，映照在水面上，可以让一切鱼类闻风丧胆。

但这个景象比起海洋边生活的鹈鹕，又差了一截。电脑屏幕显示，鹈鹕从山崖峭壁上展翅翱翔，在半空盘旋片刻，忽然像炮弹一样扎下去，很远都能听见轰然一响……当水面波浪刚刚恢复正常，鹈鹕则从另一个地方冒出来，嘴里伸出一条大鱼尾巴，甩得欢！

貌似呆板笨重的大鸟，捕鱼却不输于《水浒传》中阮氏兄弟，自然造物，总会给它一条生路。当鹈鹕上岸，蹒跚着走路的时候，你怎么也想不起来它是水中精灵。苏轼的《画鱼歌（湖州道中作）》里有一段——

……

> 渔人养鱼如养雏，插竿冠笠惊鹈鹕。
> 岂知白挺闹如雨，搅水觅鱼嗟已疏。

——可见在当时的中国南方，鹈鹕生活很惬意。与人类虽然未必能和谐共处，但总还不至于晦气得成为濒危动物。前年我独自驱车去江浙一带闲逛,江边、河畔、海岸,都不见鹈鹕的影子。它们已经很大程度上淡出我们的视野了。仅仅靠动物园、纪录片了解这种鸟,是不够的,毕竟那种野生的韵味不足。就没有人考虑大量繁殖它们吗?然后放归自然,增添美景……

《三国志·魏志·文帝纪》里,还将鹈鹕视为吉祥物呢——

夏五月,有鹈鹕鸟集灵芝池。

——从吉祥物到晦气物,鹈鹕的身份被颠覆得太狠了。而这种情意绵绵的鸟儿,并不知道。在这个世界上,它们彼此有深情——一对鹈鹕就像一对鸳鸯,终生不离不弃。相比四分五裂的人类,鹈鹕,更美丽。且听元稹《独游》所唱——

远地难逢侣,闲人且独行。
上山随老鹤,接酒待残莺。
花当西施面,泉胜卫玠清。
鹈鹕满春野,无限好同声。

鹳

鹳鸣于垤

妇叹于室

庞大而沉重的早期消防队员

我对鹳的印象就是一只大呆鸟。那还是小时候随父母逛动物园时所见,野外从来没遇到过。

对鹳的进一步印象,得自小学语文老师。《登鹳雀楼》一诗需要讲解背诵,老师告诉我们鹳的形状和习性。

到了上世纪八十年代末,电视机日渐普及,又从动画片里看到欧洲鹳。它们似乎喜欢在屋顶烟囱边做窝,还能衔着一个娃娃送给这户人家。

另外,记忆中《格林童话》《安徒生童话》也提到过鹳,插图中有它们"鹳"立鸡群的身影。

> 鹳鸣于垤,妇叹于室。
>
> (《豳风·东山》)

三千年后,鹳越来越罕见。至少人烟密集的中国东部、南部,几乎没有它们的生活地盘。"鹳鸣于垤"的景象,只能通过《诗经》在脑海里勾画了。

这种貌似鹤的大鸟,一度繁荣于陕西、山西等河套地区,而今那片地方自然环境是惨不忍睹了。这些年的雾霾,也不允许很多鸟儿自由飞翔,除非它们有钱买导航仪。

鹳庞大而沉重的身躯,导致它必须有空旷而隐秘的地方造窝藏身,而最好之处是沼泽、湿地。

> 白日依山尽,黄河入海流。
> 欲穷千里目,更上一层楼。

——这才是鹳喜欢的境界。否则王之涣不会因《登鹳雀楼》而千古留名。这座位于山西省永济市蒲州古城西面黄河东岸的建筑,其实也是后人仿造的,与黄鹤楼遥相呼应,与滕王阁也有得一比。在关于鹳的古典文化中,这座楼算重镇。据说当时世界静好,鹳喜欢在彼地栖息嬉戏,黄河滩涂里有丰富的野餐供应。唐宋文人多有在此吟诗作赋者。其物质与文化的繁荣,曾经羡煞整个中华。

古代中医将鹳入药,身体各部位都能用于治病。在此不引述,以免有人动了坏心。但关于鹳的另类说法却可以聊聊,因为挺神奇。传说春秋时代师旷著《禽经》三千字,指出——

> 鹳生三子,一为鹤。

——这种反遗传学的说法,是可以谅解的,因为师旷的本职工作应该是音乐家。但作为早期"鸟类志",《禽经》具有开

创意义，虽然对鹳的婚姻生活言辞欠礼貌，却被后人珍藏了。

东晋王嘉《拾遗记》中有一说是——

> 鹳能聚水巢上，故人多聚鹳鸟以禳却火灾。

——鹳又成了我民族早期消防队员，且意义高于实战，其作用主要是防患于未然。古蜀王国金沙遗址出土的一只金箔制天盘里，也有鹳的形象，被学者考证其内涵为"鹳鸟绕日祈雨"，这与《拾遗记》的看法，算是一脉相承。

王粲《从军诗》有道："寒蝉在树鸣，鹳鹄摩天游。"可见这种大鸟能飞得很高。鹰击长空是一种英姿飒爽的意象，鹳击长空则是一种悠然自得的诗情。虽然此种景象难见于当代中国，但外国还有弥补的可能。非洲秃鹳是此类鸟中体形最大的，1.5 米身高可比一个少年。不知道它们近况如何？但另一种鹳类——火烈鸟，数量还是多的。《动物世界》有个经典镜头：密密麻麻的火烈鸟蹚着水寻鱼虾，忽然一个惊吓，漫天飞舞，壮丽至极！

鹳不是那种善于鸣叫的鸟儿，通常只能发出低沉的咕哝声，但求偶的时候，它们会用大嘴碰击出声音。它们本性是忠厚的。最近我在网上看到一只鲸头鹳，圆眼巨嘴，挺吓人。它的路被一只不知趣的鸭子挡住了，只见它伸出不可一世的大嘴，一口叼住鸭子……轻轻放到旁边……惊我一身冷汗！

飞鸟 — 翔翔其羽

鹍

七月鸣鹍
八月载绩

昏蒙蒙的天幕中,它一刷而过

站在阳台看小区池塘、树木,目光偶尔会碰到少见的鸟儿,比如戴胜、翠鸟、伯劳。很喜悦。但可惜的是,你无法全面观察这些鸟儿的生活习性,因为它们很快就会被行人惊跑。比如伯劳(䴗)。

伯劳体形不大,羽毛比麻雀好看些,但也没特别夺目之处。如果不是因为少见,它也不会被我多关注。只记得它在树枝上停留,安静地四处观察什么。

作为一种比较凶猛的鸟儿,伯劳的兴趣点肯定与麻雀不同。阳光透过树叶,在伯劳身上映出聚光灯的效果,却没有相应的精彩表演。我所见的伯劳,并不比一只麻雀更有活泼趣味。

> 七月鸣䴗,八月载绩。
>
> (《豳风·七月》)

书上说中国的伯劳有 11 种,大多是候鸟。所以《七月》里将其视为季节特征了。祖先们看见伯劳,就知道该干些什么,与我在阳台看伯劳完全不是一个概念。不过在一些贵族文人眼中，伯劳却不受尊敬，曹植《令禽恶鸟论》有道——

> 伯劳以五月而鸣……其声䴗䴗然。

叫声"䴗"，就构成伯劳古老的名字。不过，从这叫声似不能判定其"恶"。在鸟纲雀形目中，伯劳算得一种微型鹰隼。因为它的嘴很强大，尤其喙尖的一点弯钩，看起来确实非同凡鸟，连蛇都是它的美食之一。

有人拍摄到树枝上挂着的死蛇，正是伯劳的行为艺术。它不但凶猛，还很聪明，因为大多数鸟儿并不懂得贮藏食物，而伯劳却善于将一些小动物尸体，就这么挂着晾晒。古人视其为恶鸟，正与此相关。当然这是严重错误的，因为古人没有回望自家院子里的咸肉。

好在伯劳的主食是昆虫，所以，很多植物有赖于它的保护。生物学家说伯劳的主要生活环境是草原、牧场等环境开阔的地方。但时代改变了伯劳的命运。随着土地沙漠化，以及乡村城市化，它们的活动范围越来越逼仄了。

我之所以在自家阳台上看见过伯劳，或许正是这个嘈杂的时代偶然赏赐的小礼物吧？作为一种个性强烈的小鸟，伯劳热爱自由，并不喜欢像麻雀、乌鸦、八哥那样，与人类保持一个不即不离的空间，至少这对它们晒肉干是不利的。古有《西洲曲》一首，其中唱道——

> 日暮伯劳飞，风吹乌臼树。
>
> （南北朝作者佚名）

闲散的意境里，伯劳的身影像一个大黑点，从昏蒙蒙的天幕中一刷而过，无意于让人将其看得更清楚一点。但古人还是将这鸟儿编造出感情故事。据说周宣王时的贤臣尹吉甫，因老婆谗言而杀了前妻留下的儿子伯奇，其弟弟伯封悲痛哀歌。尹吉甫听到后，悔不当初。看到树上有鸟"鹦鹦"叫，就问"伯奇劳乎"？若是伯奇，停到马车上来吧！结果这鸟儿真的来了，并因此得名"伯劳"。但我觉得这故事其实是对一位贤臣的否定——没人性，能当贤臣？

还有个悲伤的成语"劳燕分飞"，源自南北朝萧衍所作《东飞伯劳歌》——

> 东飞伯劳西飞燕，黄姑织女时相见。
> 谁家女儿对门居，开颜发艳照里闾。
> ……

这里将伯劳和燕子各自飞去，比喻为牵牛星（黄姑）和织女星的久远分别。事实上伯劳与燕子毫无关系，古人赋予的感情，完全可以理解为睹物伤怀。

《七月》里面提到伯劳，内容太单薄，与后期环绕伯劳的文化碎片若有关系，应该在于《诗经》的高尚地位。至少伯劳可以自豪地说,我是《诗经》提到的鸟儿呢!仅此,足矣……

伯劳与我先祖的关系,几乎就是没关系,很多时候,它就是个象征符号。《左传·昭公十七年》提及——

> 伯赵(即伯劳)氏,
> 司至者也。

是说伯劳在天界对应的神仙,掌握从夏至到冬至这段时间。原因在于伯劳夏至开始欢叫,冬至则销声匿迹。可惜现在的节气知识里,看不到伯劳的影子了。人类制造的雾霾,挡住了太多的事物。

飞鸟 — 翱翔其羽

鸱
鹗

鸱
鸮
鸱
鸮

既
取
我
子

无
毁
我
室

吉祥物、晦气物、预言家兼色盲

十岁左右我第一次见到猫头鹰,是在合肥紫蓬山北侧的一所乡村中学。老师们说这只猫头鹰必定来自山里,因为受伤而被捉住。

那只猫头鹰不大,长相怪异而可爱,我一眼就喜欢。它的双爪被老师攥住,无法反抗,头左右转动,似乎在观察大家。一双炯炯有神的眼睛比一般鸟儿的大多了。

那时至今,我只偶尔在动物园看见活的猫头鹰。其他都是在童话书或画报杂志里看到。印象中,欧洲有一种猫头鹰叫仓鸮,与人类关系很密切,而大多数猫头鹰都是孤独的、冷淡的。

> 鸱鸮鸱鸮,既取我子,无毁我室。
>
> (《豳风·鸱鸮》)

《鸱鸮》将猫头鹰丑化了,是恶的象征。看来祖先们很早就有关于它的不良传说。

但据学者考证,商代的人们对猫头鹰很崇拜,简狄吞"玄鸟卵"生商祖契,简直把猫头鹰捧得至高无上了。也有人说玄

鸟是指燕子，但甲骨文中的"商"字却非常像猫头鹰形状，再加上其他关于祭祀和文字的证据，可以确定商代对猫头鹰的崇拜属实。玄鸟是猫头鹰的可能性更大些。

早期关于猫头鹰的最美艺术品，出自妇好墓。这位女将军是商王武丁的老婆，曾经拥有一枚玉：墨绿色的扁平猫头鹰，站立状，体丰满。钩喙圆眼，弯眉细长。它是用于佩挂的。如果不是吉祥物，怎么着它也挨不上王后兼将军的身边。

猫头鹰形象丑化，是在周代以后。我怀疑是不是有那么些年，猫头鹰因为环境适宜，而数量泛滥，导致其严重侵扰了人类生活？否则，整整一个朝代的神物，是很难被推向反面的吧？到了汉代，猫头鹰的地位已经下降到令人扼腕的地步，比如当时大文人贾谊就专门作一篇《鵩鸟赋》，鵩鸟就是猫头鹰。他在序言中明确说道——

> 有鵩飞入谊舍。
>
> 鵩似鸮，不祥鸟也。

——古人很重视兆头，当猫头鹰被如此看待的时候，它们的命运就可悲了。就像欧洲人一度痛恨黑猫一样。

我从小就知道猫头鹰主要吃老鼠，是益鸟。古希腊人更将其与智慧女神雅典娜相提并论，作为雅典娜的宠物，猫头鹰有预言功能。日本人也喜欢猫头鹰，视其为福鸟，长野冬奥会的吉祥物就是它。

最有趣的是英国人，他们祖先认为，将猫头鹰蛋烧焦研末，可以矫正视力。猫头鹰的夜间视觉能力，比人高一百倍，也许英国人正是受此"启发"。另外，英国人还认为猫头鹰肉汤能治疗咳嗽。这一点倒是很符合我们古老中医的看法。不过您可别去喝猫头鹰汤，它是国家二级保护动物呢。

我最近一次看到"活"的猫头鹰，

是在《哈利·波特》电影中。我很喜欢那些可爱的信使扑闪着翅膀，将神奇的信扔在魔法学校的餐桌上。作为活跃在夜晚的动物，猫头鹰的灵性就像它非凡的眼睛一样，容易被人们想象与夸张。

古代的桂林人喜欢捕捉猫头鹰当猫使，现在想来挺不容易的。毕竟它们是山野猛禽，驯化很费功夫吧？直接养猫不就得了？当然，按照当今的统计数据看，一只猫头鹰每年可以吃掉1000多只老鼠，这个效率可能是猫比不上的。

除了极地地区，全世界都有猫头鹰活动。上文提及的仓鸮，是文艺作品中常见的形象。但最神奇的一种猫头鹰出自非洲，据说其眼睛可以发出手电筒般的光，而且照在动物眼睛上，可以使动物呆住不动，所以它成了捕猎利器！好笑的是，虽然所有的猫头鹰都有一双非凡的眼睛，它们却是色盲！

仓庚

仓庚喈喈

采蘩祁祁

鸟和人,灵魂属于天空

背古诗"两个黄鹂鸣翠柳,一行白鹭上青天",是70后们上小学语文课之必修。书上有黄鹂的画像,就像它的名字一样漂亮,为何其最初的名字叫"仓庚"呢?淡而无味,缺乏想象力、画面感。

黄鹂不像麻雀那么常见,但偶尔也能看到它在远远的树梢婉转歌唱。数十年来我就没有真正接触过它。唯有一次,我在合肥花冲公园旧书市场闲逛,偶遇人卖鸟,笼子里囚禁着一只黄鹂。我凑近与其对视,它完全漠然。

——笼子里的是黄鹂,也不是黄鹂。

> 仓庚喈喈,采蘩祁祁。
>
> (《小雅·出车》)

生物多样性是天启,是神示。咱真不敢说这是自然规律糊糊涂涂造就的——你有意识地造一个简单的玻璃杯试试!

黄鹂的"被造",也是天启、神示之一。这鸟儿太精巧了。当然,所有的鸟儿乃至蚂蚁、蛆虫,都是极其精巧的,但黄鹂比

一般动物更美,除了外貌,还有声音。

《世说新语补》中说,南朝时有个雅士叫戴墉,"南山四杰"之一,春天常"携双柑、斗酒"到野外闲逛。问他何往,答曰:"往听黄鹂声。"搁现在说,这是一个文艺青年的行为,但在那个混乱而伟大的时代,这叫真性情。

其实戴墉的行为咱都有过,只是不敢像他说得那么风雅而已。多年前,我和姐姐常在北方的一处河流和林子间逗留,彼处鱼鸟像植物一样葱茏,各种天籁蕴藏其中,美不胜收。其中必有黄鹂的歌词:"ku-ku-li-ku-ku","ho-pu-ku",随着清风和绿叶荡漾。

而今,那地方渐渐被开发了,还进驻许多艺术家,十分可惜。因为有黄鹂的地方,真不需要常驻艺术家或文艺青年。

西湖边有著名一景"柳浪闻莺",我于2002年夏天去过。可惜那天游客众多,我就没看见更没听见黄鹂(莺)的歌唱。这种妙鸟儿本质上是清高的,俗人多了,连西湖都留不住它。也有

诗人把黄鹂拟人化了，但清新脱俗——

> 哑咤人家小女儿，半啼半歌隔花枝。

——杜甫在《斗莺》中将黄鹂说得很亲切，略带奶香味。小女孩有黄鹂的美丽与娇俏。古人很看重黄鹂的造巢技术，它们善用草、叶、枝，构建兜状窝，挂在树上，而平常人家女儿，正需要掌握一些高超的手艺，才好嫁人。

"夏木阴阴啭黄莺""隔叶黄鹂空好音"——很多诗句都关注黄鹂的嗓子，后世人们喜欢用它来褒奖人的歌唱效果。我妹妹小时候曾获此殊荣。当时流行台湾校园歌曲，有一首《蜗牛与黄鹂鸟》，妹妹大年初一团拜会上受邀表演——

> 蜗牛背着那重重的壳呀
> 一步一步地往上爬
> 阿树阿上两只黄鹂鸟
> 阿嘻阿嘻哈哈在笑它
> ……

——这里的黄鹂形象，罕见地带贬义，因为它们瞧不起小蜗牛的努力。但经我妹妹稚嫩的嗓子演绎，贬义淡化了，变成可爱的缺点。

黄鹂也叫黄莺，而这个名字常常被人直接拿来用作自己的名字。抗日战争时期，国民党空军中有一位飞行员叫黄莺，壮烈牺牲在一次与日本鬼子的空战。王家卫导演的《旺角卡门》中，饰阿杰（刘德华饰）前女友的演员叫黄莺。当代影视剧配音演员中，也有一位叫黄莺。

但愿所有的黄莺都能拥有一个美好的现实生活或天堂生活。他们（它们）给这个世界带来美，营造安详，是有功的。我不希望再看到笼子里的黄鹂、黄莺，因为当它们不能美化世界的时候，似乎整个生命都萎缩了。

一切鸟和一切人，都一样，灵魂属于天空。

鹤

鹤鸣于九皋

声闻于天

一身仙气的"胎禽"

鹤给中国人的印象就是丹顶鹤。过去年画中它频繁出现,好像没有第二种。

那时代,一般人家的中堂画里,松、鹤和谐共处,导致人们以为鹤就是这么生活的。谁知道它更喜欢水草之地。中国人的诗情画意自古豁达,常常把毫不相干的事物糅合在一起。

现在丹顶鹤已经是国家一级保护动物了。记得前些年有一首歌《丹顶鹤的故事》,唱得很伤感,说一个女孩从小喜欢丹顶鹤,大学毕业后就回到她养鹤的地方,结果,为挽救一只鹤而牺牲……

> 鹤鸣于九皋,声闻于天。
>
> (《小雅·鹤鸣》)

1112年,大宋王朝政和二年正月十六傍晚,宫城正门宣德楼飞来二十只丹顶鹤,宋徽宗赵佶龙颜大悦,特绘制《瑞鹤图》(现藏辽宁省博物馆)。

鹤有仙气。鸣于九皋,声闻于天,令我华夏先祖浮想联翩。

这种景色或境界，不需要用文化去表现它，一颗蒙昧的心照样可以直接感应——而文化就在这一瞬间萌芽。

过去的内蒙古、吉林、辽宁乃至上海、云南，都有鹤的栖息地，这气势，简直纵横整个中国。据说二十世纪六十年代之后，人类活动对湿地破坏加速，以及远东地区气候的干旱化，导致鹤的活动范围越来越小。

某种意义上说，《诗经》也是湿地之类的蛮荒环境蕴藏的各种"蛋"之一。

小时候为了了解丹顶鹤，我错误地观察过公鹅。只因为它们头上都有个"包瘤"（合肥土语，指那个肉冠）。我还试吃过鹅头上那个橘黄色肉冠，没啥特别。由此推测丹顶鹤头上那一团红肉的价值，也不会超过公鸡冠吧？问题是，雌性丹顶鹤头上也有"包瘤"，与公鸡、公鹅作为"副性征"的肉冠是不一样的。

古人很看重丹顶鹤的外表美。宋朝有一位杰出文艺青年兼光棍林逋，隐居西湖孤山，种梅养鹤，此行径被浓缩为成语"梅妻鹤子"，极清高的感觉。而野鹤孤云、闲云孤鹤，历来是文人追求的理想境界，古老的诗词中即便没提及鹤，也多有鹤在九皋之内、九天之上传来的辽远的声音。

不知鹤后来为何与长寿挂钩？当然，仙物大多超脱生死，但鹤毕竟是鸟，虽然一身仙气，也躲不过猎人的偷袭。"朱颜鹤发"一说，就显得牵强。不过我依然尊重古人的向往，在混乱的世界里，有那么一个象征物抚慰心灵，挺好。

山徙社移，三军之众，一朝尽化，君子为鹤，小人成沙。

——《抱朴子》里的说法，将鹤赋予很高的道德感。而此书属于道家经典之一，那么鹤在修炼界，也就有了升华意义。神鬼传说中，仙人骑鹤的特写镜头是很正常的。小时候看香港电视连续剧《八仙过海》还是《西游记》，就有鹤在道家场所漫步的情景，甚为高贵。

古代文官服饰也常见鹤，而且代表的等级很高。戏台上的鹤氅，则专为隐士、道士、仙人角色所用，如果他手持羽毛扇，则基本上可视为诸葛亮了。很多人并不知道诸葛先生也是道家

人物,当年他躲在茅庐里,不是修道又是干什么呢?如果不是刘备打扰,他老人家没事了就可以"骑鹤上扬州"——当然,这里不是用其贬义,而是表现悠闲、自由。否则,就是"焚琴煮鹤"了。因为诸葛亮"云心鹤眼"的超脱旷达处世态度,不允许他追求世俗利益。

奇怪的是《本草纲目》,它将丹顶鹤称为"胎禽"。多年前我受一些激进青年影响,完全否定中医,《本草纲目》正是一个嘲笑对象。但随着阅历增加一点,越发怀疑古人的很多奇怪说法,可能有"另一层面"的依据。他们绝不会睁着眼说瞎话。那时写一篇文字、著一本书,都是天大的事,下笔之谨慎,如临深渊如履薄冰,那么,即便怀疑他们写错了,咱也得先有详细论证,才能批判。否则,我宁愿存疑。

鸳鸯

鸳鸯于飞

毕之罗之

时代不同了,慎谈"兄弟鸳鸯情"

铁壳暖瓶现在不多见了。二十世纪八十年代,它可以赠送新婚夫妇或乔迁家庭。我记得有一种暖瓶的铁壳上,绘了鸳鸯戏水图案,十分喜庆。

还有就是年画上的鸳鸯。我小时候因为看过《西游记》画册,总以为它们是幻想出来的鸟儿。因为其绚丽的羽毛,在合肥地区的常见鸟雀中,绝无仅有——美得像假的。

所以后来首次在动物园见到鸳鸯,真有一种梦幻变现的感觉!之后获悉最漂亮的鸳鸯,竟然是公的,而不是母的,又让我大感意外!

鸳鸯天生就是让人震撼的鸟儿。

> 鸳鸯于飞,毕之罗之。
>
> (《小雅·鸳鸯》)

先民喜欢捕捉鸟类做礼品送人。鸳鸯在那时算档次很高的,可以呈献君王,饱含祝福之意。它的同科鸟类野鸭,就没有这份"荣耀"。当然,野鸭肯定欢喜不尽。荣耀是把双刃剑,完

全不合中庸之道。这种颇具艺术品位的鸟儿,向来适合表现诗情画意,当鸭子煮了,就是花下晒裈大煞风景。所以在这个层面,鸳鸯又胜过了野鸭。

现代人说起鸳鸯的内涵,大抵离不开爱情。而古老的时候,它们多用来比喻兄弟关系。三国时的曹植在《释思赋》中咏叹——

况同生之义绝,重背亲而为疏。
乐鸳鸯之同池,羡比翼之共林。

不过,这里蕴藏的伤感,可能涉及手足相残,令人想到其《七步诗》里的"煮豆燃豆萁"。鸳鸯在其中,只能是曹植对兄弟和睦情景的梦想而已。与同时代的嵇康相比,曹植一生可谓孤苦。因为嵇先生虽然死得早而惨,却能在有生之年,享受真正的亲情与友谊——

鸳鸯于飞,肃肃其羽。
朝游高原,夕宿兰渚。

> 邕邕和鸣，顾眄俦侣。
>
> 俛仰慷慨，优游容与。
>
> （嵇康《赠兄秀才入军》）

——此处的"鸳鸯于飞"直接取自《诗经》，喻指志同道合的兄弟。按照现代有些人的习惯思维，一准会恶意联想到"基情"之类。而这个不良想象的产生原因，却可以追溯到唐朝大诗人卢照邻，他在《长安古意》中有一句非常著名——

> 愿做鸳鸯不羡仙！

——据学者说，这是中国人最早将鸳鸯比作夫妻的文字。其影响流布到千年之后的大多数中国人意识中，就不便再与他们谈什么"兄弟鸳鸯情"了。误会不起。

鸳鸯作为男女爱情的象征很好。它们的自然行为确实体现了忠贞不渝，而且有一份独特的亲昵。雌雄鸳鸯交配期间，交颈而鸣，一起嬉戏，并肩游泳，不时将嘴浸入水中，像是共饮合卺酒。

当代中国仍有两处鸳鸯的野外乐园，一处是江西省婺源县的鸳鸯湖，另一处在福建省屏南县的白岩溪。前者号称世界最大的野生鸳鸯栖息地；后者溪长11公里，每年能接纳上千只鸳鸯越冬。但愿这两个美好的地方能长存，因为曹植又说了——

树木发春华,清池激长流。
中有孤鸳鸯,哀鸣求匹俦。

(《赠王粲》)

——鸳鸯摇身一变为贤者代称。后世文人李善解读认为,这里的"孤鸳鸯"就是指王粲。如果世间贤者难以获得一处清净之地相聚的话,至少也要给野鸳鸯保留一条河流、一方湖泊吧?否则,从人文到自然,我们会遗失全部的美。

当一对野鸳鸯浮出水面踏上岸来,整个世界都亮了。它们用橘红色的嘴修整缤纷的羽毛,让岸边的岩石、杂草、树木等等蓬荜生辉,万物顿时更显生机。

其实鸳鸯对生活的要求不高,靠近水边的老树洞,就是它们乐意暂住的别墅。每次孵化小鸳鸯10只左右,非常辛苦,还要随着季节南北迁徙。再机警,也难以在这个时代保证其种群的数量。国家将其列入二级重点保护动物,鸳鸯并不知道,但,我们应该知道。

鹰

维师尚父
时维鹰扬

做人当自强,做鸟别当鹰

"老鹰抓小鸡"游戏在今天的都市仍然能看到,而它的来源有浓郁的农耕气息。

小时候我在乡下玩耍,曾听见远方的村妇忽然暴喊:"哦——哧!哦——哧!哦——哧!"抬头望天,有一个矫健的小黑影,正悠悠盘旋。男人们如果恰好手头有响器,也会急速敲打。因为这只盘旋的老鹰,会随时俯冲下来,不但抓鸡,还有鸭、鹅、兔子等。

这个景象非常古老。并非指它在我的童年记忆中,而是指它在我先祖的记忆中。时光流逝千万年,只要人们视鸡、鸭、鹅为私有财产,就一定会对鹰保持高度警惕。

> 维师尚父,时维鹰扬。
>
> (《大雅·大明》)

姜子牙部队的猎猎军旗,如雄鹰般高高飘扬。《大明》中歌颂的尚父,正是吕望,即人们熟知的姜子牙,他是西周上将,并非传说中在河边垂钓的白发老翁。这位开国元勋在青壮年时代,一定战无不胜、锐不可当,恰似雄鹰逐物,一展翅海阔天空,一击爪大局已定。

鹰很早就被神化了,是地球上不同角落很多民族的共同图腾。它的迅猛与凶狠,非常符合先民对英雄与暴力的崇拜。在权力的起源上,人与虎狼的意识也许区别不大,至今还有这种思维的影子。

但前些年我看到一则网文,毁了鹰的伟岸形象。说的是一位女学者,在石景山见到一只红隼,第三天就死亡了。因为这只鹰被人抓住非法饲养,尽管待遇丰厚,却导致体内许多器官病变,看起来惨不忍睹。为什么会这样呢?只因为它是鹰!

白居易在《放鹰》中描绘——

> 十月鹰出笼,草枯雉兔肥。
> 下韝随指顾,百掷无一遗。
> 鹰翅疾如风,鹰爪利如锥。
> 本为鸟所设,今为人所资。
> ……

——显然,这是一只被驯养的猎鹰。可以说,所有的猎鹰都是死里逃生之后,才能与人暂时共存的。它们的野性根本不允许其中的百分之九十去适应人类,而剩下的百分之十即便能陪人打猎,通常也活不久,仅仅"脚垫病"一项,就能在短期内置其于死地。此病号称猛禽癌症,恰恰是鹰无法自由活动导致。

有内行人对此评价说,"即使鹰心灵服从了奴役,身体仍然是诚实的"。

鹰击长空不仅是一种诗意,也是一种人类无法在飞机、飞船上体验的生活方式。并且它呈现的空气动力学,比飞机、飞船更自然、更完美。当鹰被人拘束以后,"空气"还在,"动力学"则随着它的肉体,支离破碎。所以,任何一首歌颂猎鹰的诗,都基于不了解黑暗的背景。

天边心胆架头身，欲拟飞腾未有因。

万里碧霄终一去，不知谁是解绦人。

唐代诗人崔铉《咏架上鹰》，让人眼前一亮，好像这只鹰终于获得解放，从此恢复自由身。其实不然，它在与人生活的那段时间里，身体里的很多关于鹰的元素，已经遭受破坏，再也不是曾经的它了，所谓自由，不会太久。

我国常见的三种鹰：苍鹰、雀鹰和赤腹鹰，都被列入法律保护范围。有一次我独自驱车在浙江山区游荡，看见高速公路前方的天空有一只鹰翱翔，很可能就是赤腹鹰。这种景象已不多见于平原、丘陵地带，因为鹰的生活安全很多年得不到保障，英雄气短了。

李苦禅先生擅长绘鹰，眼是方形，嘴像利斧，被赞为"浑厚苍劲，大气磅礴"。但这是综合鹰、鹫、雕三种猛禽特点而显现的精神层面的"鹰"。其实通常所言的鹰，比起鹫和雕来，还不够大和壮。鹫的发型不敢恭维，喜欢吃腐肉。雕与鹫一样粗壮，但相貌相对英俊。电影《智取威虎山》中土匪头子外号"座山雕"，就是取了它威风凛凛的飒爽英姿。

虽然它们都是猛禽，却与老虎、狮子等猛兽一样，落魄而凋零。台湾的灰面鵟鹰原本繁荣，因为外国人大量收购它做标本，一度每年被捕两万只，现在已经成了稀有鸟类。

想想千万年前，地球上许多民族的老祖先们对鹰的图腾崇拜，竟然对应了今天这个凄惨景象，实在不吉祥。做人当自强，但做鸟千万别当鹰。

鹥

凫鹥在泾
公尸来燕来宁

怀着闲心与它玩耍

三亚亚龙湾沙滩对面海上漂着几个郁郁葱葱的小岛,寥寥几只白鸥在远方翱翔。

如果不对此景作任何思考判断,那一刻,人是与天地充分融洽的。因为赞美,"我"出现了。那么,景色是景色,"我"是我。

世界就这么被分割了。

因此,海鸥离我很远。我永远只能遥望,而不能与它成为整体——就像海鸥、岛屿、海洋、大地其实是一个整体一样。

凫鹥在泾,公尸来燕来宁。

(《大雅·凫鹥》)

鹥,漂在泾河渭河上,应是今人所说的江鸥。它是桀骜不驯的渔夫。比它更凶猛的鱼鹰尚能为人所用,鸥却不行。当然,其个性值得敬佩。

合肥东南侧的巢湖,是鸥的理想生活地。一天清晨,我驱车经环湖大道,看见渔民抬满筐的鱼上岸,大为赞叹。停车欣赏，竟然发现水边岩石上有好多鸥。显然，它们是来搜寻渔民遗落的鱼虾。无风，水浪像摇篮一样温柔荡漾，几只鸥浮在上面，晃晃悠悠……

> 十里湖光放小舟，
> 慢寻春事及西畴。
> 江鸥意到忽飞去，
> 野老情深只自留。

——王阳明在其《寻春》中看到的鸥，应与我在巢湖所见略同，都是来自《诗经》的"鹥"。鸥很早

就被符号化了,成为悠闲、超脱、隐逸的代名。黄庭坚《登快阁》有道"此心吾与白鸥盟",似乎当即要远走高飞,脱离凡尘。而这两位大文豪还有个共同点是:修道者。虽然人们并不很关注此背景,但表现在其文学中的"鸥心",常常提醒后人:文学的高处,可能与宗教境界近似。

我十岁那年的夏天,曾独自躺在家门前的一张小课桌上。旁边两棵大法梧树浓荫蔽日,很多知了在密叶里嘶鸣。当时我拥有一册《中国古代寓言》，列子讲了个有趣的故事——

> 海上之人有好鸥鸟者，每旦之海上，从鸥鸟游。鸥鸟之至者百数而不止。其父曰："吾闻鸥鸟皆从汝游，汝取来，吾玩之。"明日之海上，鸥鸟舞而不下也。

——鸥能够看透人的心思。你怀着一颗悠闲的心与它玩耍，它会将你当朋友簇拥着；你暗自盘算捉一只送给爸爸，它就不上你的船了。

我不认为这是列子的虚构，因为他也是道家顶级人物之一，所以这个寓言可能比生活还真实。那天清晨我在巢湖岸边看渔民抬筐，很多鸥离他们不远；当我悄悄接近准备拍照时，很多鸥就惊飞了——它们不怕动作紧张粗鲁的渔民，而怕安静的我。因为渔民不在意鸥，而我在意。所以，当我比渔民离它们还远的时候，它们就已经警惕了。

一般动物都有极强的第六感官。人不知道大地震即将发生，它们已开始集体逃亡了。所以，古人将鸥符号化，本质上可能是对"第六感官"的追捧。因为，悠闲、超脱、隐逸等思想，均指向精神层面很高的境界，而在这个境界，是可以俯视、洞察世间一切的。继续推测：悠闲、超脱、隐逸，是为了追寻高层次的骄傲。欧阳修在《狎鸥亭》中，狠狠地拍一个贵人马屁，看着却不难受，就是因为内里的骄傲层次很高——

> 险夷一节如金石，勋德俱高映古今。
> 岂止忘机鸥鸟信，陶钧万物本无心。

——鸥再次成为文豪诗句中的醒目符号。其实古人对鸥的了解并不深刻，所以不能像驾驭鸡、鸭、鹅那样，给它更多面更具体的描绘。我偶尔想知道红烧鸥是否鲜美，但在巢湖边观赏鸥的时候，却油然忘却庸俗念头，与欧阳修先生取得某种共识。也许鸥的诞生就是为了营造美好意象，指引人去追寻？

近些年，哈尔滨人为鸥的重归而兴高采烈。春秋两季，很多鸥在彼处水域飞舞、捕食，引得市民和记者都赶过去拍照。值得羡慕的是，他们所见之鸥比合肥巢湖这边丰富，至少有四种：红嘴鸥、须浮鸥、银鸥、燕鸥。当地一些老人为保护鸥不受惊扰，甚至义务去执勤，要求人们别大声喧哗。我相信：鸥能感应到。

鹭

振鹭于飞
于彼西雍

万民几鸥鹭,四海一池塘

合肥市紫蓬山景区多白鹭。我小时候常常看见它们从天空悠悠飘过。与麻雀相比,白鹭是很安静的鸟类。

白鹭的身影点缀春夏天的水田,是传统的诗情画意。小时候我很想捉住它们,一亲芳泽。但父母亲不允许我以任何方式伤害白鹭,它与鹤一样,属于吉祥鸟类。

去年夏天,我在合肥北乡游荡,看见有些田地里挂着防鸟网,居然套住一只白鹭。可叹的是,它已经死去很久,只剩一个腐烂的身躯。但,因为羽毛比较完整,老远看去依然优雅……

> 振鹭于飞,于彼西雍。
>
> (《周颂·振鹭》)

当一群鹭鸶在《诗经》里飞翔的时候,三千年的红尘一扫而空,脑海顿显鲜活。因为无论这个世界如何发展,它,永远属于《诗经》时代。

这种永远也可以从少数人造就的永恒艺术品中得到证明,比如八大山人画的那种乜着眼睛的鹭鸶,仿佛看不惯一切的样子。

据说八大山人是明朝皇室后裔,隐居在大清帝国,内心甚为复杂。所以,他就成了"鹭鸶"。

鹭鸶在各种艺术作品中频现,比鹤毫不逊色。很多时候,它并无性格表现,或者说,它的性格就是大自然的性格。无法用狭隘的"人间个性"来描述吧?个性会导致人的分裂,但鹭鸶的个性与其群体乃至更大的范围,都是浑然一体——

> 常记溪亭日暮,沉醉不知归路。
> 兴尽晚回舟,误入藕花深处。
> 争渡,争渡,惊起一滩鸥鹭。

李清照在《如梦令》中，为大宋王朝的文化图景，增添寥寥数笔，墨迹却至今未干。鹭鸶和鸥鸟从藕塘里扑面飞来，翅膀掠过耳际，风中隐隐有沙沙的声音……

其实人类不必用精密仪器搜寻宇宙里各种声音的。能把鹭鸶和地球了解深一点、爱护好一点，不但能解决燃眉之急，还利于子孙万代。可惜多数人似乎不在乎鹭鸶翅膀的风声，那与《柳林风声》中的童话故事蕴含的价值，是一样的庞大。

手机视频中偶然出现一个景象，不知来自哪个国家：草地上，一头小象被几只鹭鸶围观。小象甩鼻子驱赶它们，鹭鸶不为所动。其中一只还进进退退地观察小象甩鼻子。场面极其可爱，似一出童话剧开演。类似的大自然的和谐气氛，我在乡村的水牛背上也见过：鹭鸶立其上，无所谓水牛走向何方。它就那么呆呆地站着，偶尔偏头观察什么。其实这些仍然属于《诗经》范畴，三千年红尘，从不埋没。

沙头宿鹭傍船栖，柳外惊乌隔岸啼。
为爱秋来好明月，湖东不住住湖西。

（朱彝尊《鸳鸯湖棹歌》）

历代文人对鹭鸶的偏爱，有一种跨物种的亲切感。而鹭鸶这种孤僻的鸟类，内心似乎也不那么排斥人。它们可能深知距离就是美的哲理，既不让你摸着它，也乐于在你的船头或牛背上拉一坨便便，以示其"到此一游"。

但自古以来人们就没有真正放过鹭鸶，那种觊觎中有对美饰的贪婪。白鹭的羽毛是中国古人做礼服的上佳材料，以前的欧洲美女尤其爱将其插在帽子上。如果不是近些年的保护措施比较有力，鹭鸶这个物种，也岌岌可危了。

幸运的是，目前至少还有两个地方，仍然是鹭鸶的天堂。重庆的三多桥村是中国第一个白鹭自然保护区，内有两万多只不同种类的鹭鸶。厦门有个小名叫"鹭岛"，历史上就是鹭鸶喜欢

的地方,中国拥有的 20 种鹭鸶,厦门能展现其中一半!

宋代和尚释了惠有一首《偈颂》说——

洪机莫测,至德难量。

万民几鸥鹭,四海一池塘。

日日春风相鼓舞,不知时世是羲皇。

——虽然其中有凡人难猜的机趣,但鹭鸶的形象却不难理解:人生如梦般的美丽与短暂。

我曾带着自己的女人去很远的乡下,看树林顶上的白鹭;而那时的世界,在量子物理的描述中,不过是无穷的"波"浪。所谓"四海一池塘",此刻此地即是。人与鹭置身其中,若隐若现,就像合上《诗经》后的那场悠远的回味。

桃虫

肇允彼桃虫,
拼飞维鸟。
未堪家多难,
予又集于蓼。

微贱自足,快乐幸福

《格林童话》否定了鹪鹩的品格,因为它总是玩小聪明,来博取眼球和尊重,因此害了其他鸟儿。最终它败于投机取巧,被德国人起了个外号:篱笆之王。

小时候看的这篇童话,来自父亲所供职的中学图书室。由此我开始注意法梧树上的鸟类,偶尔也能发现鹪鹩,比麻雀还小一点,但叫声算好听。它们藏在枝叶间,从不像麻雀那样靠近人居,所以无法细致观察。

《诗经》将鹪鹩命名为"桃虫",不知缘何。我想当然地认为鹪鹩喜欢在桃树上找虫子吃。因为父亲告诉我,我爷爷曾在屋后种植桃树,每年都要请孩子们去打桃虫——不是打鹪鹩,而是清除真正的肉虫。

> 肇允彼桃虫,拼飞维鸟。
> 未堪家多难,予又集于蓼。
>
> (《周颂·小毖》)

古人传说鹪鹩长大了就是雕,与鲤鱼跳龙门、丑小鸭化天鹅类似。这种认识世界的方法非常好，自由活泼，让整个时空具备了无限可能性。童话（神话）与现实的区别，就好像鸟雀与飞机的区别一样——飞机是科技的结晶，但因为严密精确而显得太狭隘了，隐忧多多；而鸟雀不狭隘，无担忧，时机成熟则变雕甚至凤凰，引领我们的思维来一次跨越、超越，从而拓展现实生活。

所以，我相信《小宛》的诚意。鹡鸰这种小鸟，在其中是个正面形象，蕴含巨大希望。古人对现实生活的突破欲望，有赖于这种小鸟的榜样力量。但随着时间流逝，古人对鹡鸰赋予的文化、思想意义渐渐宽泛了，比如庄子《逍遥游》说——

鹡鸰巢于深林，不过一枝；偃鼠饮河，不过满腹。

这是关于欲望的警告。人的胃口比鹡鸰大不了多少，行走于世，却很难满足，导致很多人的幸福感，比不上一只鹡鸰。这种小鸟短而胖，理应注重减肥，但事实上它们毫不在乎，整天在林子里蹦跶穿梭，歌声清脆而嘹亮。有心人发现：雄鹡鸰和雌鹡鸰喜欢对唱，节奏默契。让人怀疑：鹡鸰之所以不追求幸福，只是因为它们即幸福本身。晋代张华作《鹡鸰赋》道——

鹡鸰，小鸟也，生于蒿莱之间，长于藩篱之下，翔集寻常之内，而生生之理足矣。

  这与庄子所言一脉相承。据说张华是个有侠肝义胆的人，他对鹪鹩的关注，背景里有人生低谷期的某些小情绪。晋代社会文化风气被迫偏向老庄，对很多未得志的人是个不错的安慰，而鹪鹩微贱自足的形象，特别符合自然之道。

  民间亦称鹪鹩为"巧妇鸟"。因为它们善于用茅草、羽毛，将窝塑造成深碗状或圆屋顶状，一侧开孔，极精巧。虽然这种聪明才智来自遗传，但似乎隐约传达了大自然的目的性——它不会比爱因斯坦更糊里糊涂。

　　值得惊叹的是一种澳大利亚鹪鹩，雌鸟会进行"早教"，用一种特殊叫声作为密码，"幼鸟只有发出匹配的声音密码，才能获得喂食"。这种方法可以对付杜鹃等鸟儿——它们偷偷将自己的蛋产在鹪鹩巢穴里，孵化后让鹪鹩养活。而小杜鹃没有"密码"，就不能存活。

　　作为一种活泼、聪明又害羞的小鸟，鹪鹩虽然从不与人接近，却真正为人民服务千万年。咱祖先有赖于它们吃掉很多农林害虫，保证人类的生存利益，同时还将鹪鹩用于补脾去湿、益肺止咳、滋肾养阴。

行走在山野，不妨多多回味《诗经》中的草木鸟兽之名，能将其一一对应，真是莫大的喜悦。虽然鹪鹩永远在远方跳跃、鸣叫，身影总是难得清晰，但它那满身古色古香的文化味道，却不会被旷野掩盖。《格林童话》对鹪鹩的批评不值得信任，即便鹪鹩无法变成一只雕，也足以体现先贤为变成雕而甘于先做一只鹪鹩的生命态度——

> 通当为大鹏，举翅摩苍穹。
> 穷则为鹪鹩，一枝足自容。
>
> （白居易《我身》）

——而有了这个生命态度，未来一切皆有可能。

脊令

题彼脊令 载飞载鸣

人情冷暖，小鸟岂可参与

搬个竹椅，闲坐树荫下，品茶抽烟。旁边的池塘倏地跳出一只轻盈的小鸟，尾巴上下摆动，很活泼。

它沿着水与岸的交界散步，不时"机灵！机灵！"地叫。也许，鹡鸰鸟正是得名于叫声吧？

这种在生活中很熟悉的小鸟，警觉性极高，几十年了，我竟没能凑近欣赏过。有时它会站在荷花上，就像画中描绘的理想景色。我曾用相机对准它——拉近、拉近、再拉近……忽然就没有了！

也许，鹡鸰有敏锐的第六感？能够察觉我躲在镜头后偷窥的眼睛？

题彼脊令，载飞载鸣。

（《小雅·小宛》）

先祖对鹡鸰充满爱意，并以它们象征兄弟之情。连唐玄宗都特别作了一首《鹡鸰颂》，并手书，至今还能在台北故宫博物院看到真迹。

　　我拜读过其内容，甚为感动。因为李氏家族登基后，宫廷里几度血雨腥风，手足相残震惊历史。所以，玄宗的文章背后，弥漫了深远的悲哀……

　　那是大唐王朝衰落前的一个深秋，"有鹡鸰千数，栖集于麟德殿之庭树，竟旬焉"。玄宗兄弟五人聚会，"展天伦之爱也"。奇怪而祥瑞的是，这些鹡鸰不怕唐玄宗兄弟，似要与他们同乐。玄宗最后赞曰——

> 观此翔禽，以悦我心，良史书兮。

之后，宋朝大太师蔡京还曾特意为其作《唐玄宗鹡鸰颂题跋》。

更多来自民间对鹡鸰的感情，都很朴素。四川过去有一支童谣，唱得欢乐——

> 点水雀（即鹡鸰），打筋斗，一打打在娘娘房门口；问你娘娘好久嫁？今天梳头明天嫁；风也大，雨也大，问你娘娘怕不怕？娘娘说：不怕不怕真不怕！

在那边，鹡鸰的意义比喜鹊还大！孩子们看到鹡鸰"打筋斗"，意味着将有喜酒吃。在贫穷的岁月里，除了期待过年过节的美食，平常日子，也只有寄希望于村里人家办喜事了。

但浙江绍兴孩子周树人（笔名鲁迅），就从不指望鹡鸰带来美食消息。他长大后写了篇《从百草园到三味书屋》，里面竟然有冬天抓捕鹡鸰的镜头——

> 也有白颊的"张飞鸟"，性子很躁，养不过夜的。

——"张飞鸟"就是鹡鸰。是因为它的毛色很像戏台上张飞脸谱。这种鸟性情急躁，鲁迅小时候养不活它。但现在有专门的驯鸟人，可以将鹡鸰培养成笼中宠物。主要喂它普通的杂雀料，时而加些面包虫。不过，看着鹡鸰在笼子里蹦跶，又有什么意思呢？

> 急雪脊令相并影，惊风鸿雁不成行。
>
> （黄庭坚《和答元明黔南赠别》）

回到兄弟情来谈鹡鸰，话题更宽阔美好一些。在黄庭坚眼里，鸿雁之间的情义都比不上鹡鸰。这种比麻雀稍大的鸟儿，因为先民、皇帝的传言，得以登上"人情高地"，成了类似榜样的东西。明代才子唐伯虎在《败荷鹡鸰图》中题诗道——

> 飞唤行摇类急难，野田寒露欲成团。
> 莫言四海皆兄长，骨肉而今冷眼看。

这就有些愤世嫉俗了。人情冷暖，岂是小鸟可以参与的！大多数鸟类都有鹡鸰之间的亲密关系，只能说是天意表现吧？鹡鸰也好，鸳鸯也好，乃至一群乱糟糟的麻雀也好，看似无知，其实都是天意的践行者。兄弟亲情原本寻常，根本不值得歌颂，更不该用鸟雀来类比。我只能猜测：人在反天意、反人性的过程中，常常处于某种退化状态吧？

中国有白鹡鸰、灰鹡鸰、黄鹡鸰、黄头鹡鸰等多种，另有一种山鹡鸰与普通鹡鸰不太一样，独成一属，但这种鹡鸰已列入受国家保护的野生动物名录。本世纪初，学者认为鹡鸰有重要的经济、科研价值，但至今也未见"开发"得怎么样了。我内心并不信任"开发"任何一种生物，怀疑会造成深远的危机。清代文人卓尔堪有《题脊令图》诗，"脊令飞鸣声不息，先急后悲何凄恻"。这种鸟儿的安全感天然不足，何必多打扰？

桑扈

交交桑扈

有莺其羽

从"爪哇麻雀"到唐太宗儿子

十多年前父亲去香港,见街头有人用鸟衔纸片给游客算命,大为惊奇。他一直以为发达的资本主义社会人们文化素质高,不信这些呢!

父亲特意问了鸟名,算命先生说是"窃脂",听着怪怪的。回家查书,发现《诗经》提及的"桑扈"也叫窃脂、青雀、鹳等。

但"香港窃脂"其实是"爪哇麻雀",主要来自印尼苏门答腊、马来西亚一带,怎么会出现在三千年前的黄河流域呢?也许,《诗经》里的"桑扈"在历史流变中,名字被借用或错用到其他鸟儿头上了?

> 交交桑扈,有莺其羽。
>
> (《小雅·桑扈》)

据朱熹说,"桑扈,窃脂也,俗呼青觜,肉食,不食粟"。但《诗经》中《小宛》明明说了,"交交桑扈,率场啄粟",究竟是谁错了呢?虽然朱熹有很强大的叛逆精神,连"四书"都敢打乱再编辑,但也不至于如此质疑《诗经》里的一只鸟吧?或许明朝那会儿,"桑扈"已经不是指两三千年前的桑扈了?

古人对桑扈非常熟悉,诗文中总能见到它们活泼的身影。唐代王缙《青雀歌》便是说桑扈:林间青雀儿,来往翩翩绕一枝。另一位诗人卢钲道:桑扈交飞百舌忙,祖亭闻乐倍思乡。里面桑扈的性格均令人欢喜。可以看出,桑扈与人烟联系紧密,算一种普通生活景象。朱熹大半生都在武夷山一带做学问,也许当时的"爪哇麻雀"途经香港,飞到了他老人家眼前,乃至产生误会?

不过,历史上对桑扈一直说不清。也不能完全责怪朱熹的判断。《淮南子》就有"桑扈不啄粟"一说。但更脱离现实的是,《山海经·中山经》有道——

> 东一百五十里,曰崌山……有鸟焉,状如鸮而赤身白首,其名曰窃脂,可以御火。

——窃脂"可以御火",貌似它比消防员还厉害?当代有电子游戏中安排了"窃脂"一

个角色，不过它也可能脱胎于桑扈是指青鸟（雀）一说，而青鸟是王母娘娘的使者，地位更超越"消防员"。李商隐《汉宫词》说：青雀西飞竟未回，君王长在集灵台。就是说，桑扈、青鸟或曰窃脂这种神鸟，通常介入的都是大场面、大码头。还是回到民间看桑扈更亲切些——

邮北邮南桑扈叫，家前家后竹鸡飞。（马祖常）
栗留影里垂蕤重，桑扈飞时拂槛斜。（唐孙华）

显然，这种鸟儿更多见于春夏季，是大自然精灵中伶俐而玲珑的一种。在诗文中，它通常是一个有美感的"点"状物，但更重要的经典里，桑扈还有重大人文内涵，竟然是一位隐士的名字……

《楚辞·九章·涉江》有句咏叹：接舆髡首兮，桑扈赢（裸）行。是说隐士桑扈不满现实，裸体行走，显现示威叛逆意。而《庄子·大宗师》提及的"子桑户"，正是指这位裸行者。唐代僧人皎然有首《禅思》对隐士表达了同情——

真我性无主，谁为尘识昏。
奈何求其本，若拔大木根。
妄以一念动，势如千波翻。
伤哉子桑扈，虫臂徒虚言……

作为人的桑扈，显然活得不如《诗经》里的桑扈，它们没什么忧虑，更无愤懑。如果算命先生用的桑扈正是指它的话，那么，当桑扈蹦跳着去衔纸片的时候，世界依然是有趣而快乐的。父亲在香港街头见到它干完活，算命先生会抛一粒谷子喂它，似奖赏。而桑扈亦很满足。

　　还有两位大人物似与桑扈有关，其一是上古传说中为少皞主管蚕桑的官。汉代蔡邕解释是："桑扈氏，农正，趣民养蚕。"而唐太宗四儿子小字"青雀"，也就是桑扈咯？不过，如此尊贵的人，肯定不能用民间常见的鸟来命名吧？此青雀或许来自西王母的瑶池树上？

游鱼及其他

烝然汕汕

鲨

鱼丽于罶

鲿鲨

君子有酒

旨且多

读古人，流馋涎，不算失敬

学校周围壕沟里有一种小鱼，大人通常称其"麻骨龙"，唯有我妈叫它"扁担砦"。我觉得我妈说得最形象——所谓扁担砦，就是扁担两头嵌的小木楔子，与麻骨龙体形相当。

所以没人在乎麻骨龙。一般小的鲫鱼都比它大几倍。不过我和伙伴们挺喜欢它，因为容易捉。趴在壕沟石头上，看水下的石头及其缝隙，往往有麻骨龙趴在上面。两手轻轻插进水中，缓缓包围麻骨龙，往上移动，麻骨龙会跟着手移动。出水面，两手一合，它就跑不掉了。

这小鱼智商有问题。

> 鱼丽于罶，鲿鲨。
> 君子有酒，旨且多。
>
> （《小雅·鱼丽》）

《鱼丽》之"鲨"有多种解释，我个人接受淡水虾虎鱼一说。因为儿时所捉的麻骨龙，也是一种淡水虾虎鱼。这种鱼最长也就几厘米左右，而我当时捉的，最长也超不过一根手指。

为何这种小鱼能登上《诗经》描绘的贵族宴席呢？唯一的可能就是它肉味鲜美。但说实在的，我小时候从没见过人用它招待来客，一般钓鱼的都讨厌它。这小鱼呆且贪吃，你随便用线拴个钩子穿上蚯蚓，就可以趴在石头上钓它，十拿九稳。很多小麻骨龙其实根本钩不住，它只是狠狠咬着蚯蚓被提溜出水面的。

前些年在书上获悉，麻骨龙又叫土步鱼，古人一直很喜欢它。连南宋皇帝的食谱上都有一道"土步辣羹"，大概是一种开口汤吧？奢侈的是，皇家吃此鱼，仅取其鳃边两瓣小肉，黄豆片儿大小。而这种取肉法，在上个世纪五六十年代的江浙沪一带，仍然流行，主要是用于招待贵客的。

安徽东至县当地人称麻骨龙、土步鱼为"麦鱼"，当地农家乐餐馆每年捕杀五千多公斤，且是真正野生的！因为央视《生财有道》节目披露，引起部分人的忧心，表示反对这种做法。而铜陵人蔑称其为"孬子鱼"，当地一位年轻厨师去苏州学艺，发现一道传统名菜"红烧整塘"，塘者，塘鳢也，竟然就是孬子鱼！大为惊奇！他说因为鱼小，一锅至少要用七八条。而且是在锅里摆成扇形，烧熟一面，全部翻身，还得呈扇形！鱼常常被他翻碎了……

一生注重美食的汪曾祺先生，也曾提及麻骨龙、土步鱼、塘鳢，但他老家苏北高邮人称其为"虎头鲨"，这名字倒是有《诗经》之"鲨"的味道了——"虎头鲨氽汤，鱼肉极细嫩，松而不散，汤味极鲜，开胃。"

清代浙江文人朱文治有《消寒竹枝词》一首专道其好——

> 土步鱼常聚钓矶，上江多有下江稀。
> 寒潮初落西风紧，出网金钱蟹亦肥。

彼时彼地的人们，竟然将土步鱼和肥蟹相提并论，这也就能解释1956年浙江省认定36个杭州名菜中有"春笋步鱼"了。杭州人特别喜欢吃土步鱼的历史很悠久，除了与春笋同烧，尚有"酱烧土步鱼""象牙土步鱼"等。

土步鱼虽小，却是肉食性动物，水里的小虫小虾养育了它满身白嫩嫩的细肉。有人认为这样好的肉，应该与豆腐同炖，让鲜味渗透豆腐，让我听着就有食欲。但现在的乡野可能难以捉到很多这种小鱼了吧？合肥地区的菜市里，我好像从没见过专卖麻骨龙、土步鱼的。否则真愿意按照以上名目下厨一试。

《诗经》没有详说"鲨"的烹调方法。那时的古人厨房工具不如今天丰富，调料品种也有限，想按照苏州、杭州的方式来整治它，估计困难，但做开口汤还是完全没问题的。我的猜测已经远远偏离《鱼丽》的本意。不过，读古人偶尔流点馋涎，也未必算失敬吧？

魴

| 父母孔迩 | 虽则如燬 | 王室如燬 | 魴鱼赪尾 |

一鱼甩尾，王室如燬

十来岁那年初秋，我随父亲在一座清朝末年建成的庄园壕沟边钓鱼。虽然急性子的父亲并非钓鱼高手，但有一种鱼常常被他轻轻拎出水面——鳊花。

这种鱼在我的童年游来游去见惯不怪，属鱼中下品，大家根本不将其视为正经鱼。即便它长大了，整体也难超过小孩子的巴掌，很少人愿意将其端上餐桌，通常是喂猫。

但对于一个不擅长钓鱼的人，鳊花的易上钩却能安慰他。比如离我父亲不远处的张会计，一下午不知拎上来多少鲫鱼，两相比照，很没面子。"没有这些鳊花，就难堪了。"父亲悄悄对我说。

我认为这对培养我幼小的自尊有启发。

临近回家的时候，仁慈的父亲决定将钓到的很多鳊花全部放生。"谢谢它们，让它们好好活着。"父亲说。

我认为这对培养我幼小的爱心有震撼。

遵彼汝坟，伐其条肆。

既见君子，不我遐弃。

鲂鱼赪尾,王室如燬。
虽则如燬,父母孔迩!

(《周南·汝坟》)

很多年后,合肥市场上渐渐出现一种貌似鳊花的鱼,人们称其为武昌鱼。它是鳊花的巨型版,通常都在一斤以上。如果没猜错的话,它们或是近亲。

后来读《诗经》,获悉其古老的名字叫"鲂",并且深受数千年前祖先们的欢迎。

但在《汝坟》中，它红色的尾巴却有不祥的象征，似与王室的混乱有联系——鲂鱼赪尾，王室如燬。为什么拿美味之鱼来对应王室的悲哀呢？是不是想表达一种巨大落差和痛心？就好像后来出现的"玉碎"一词？

在郭璞的时代，"今呼鲂鱼为鳊"，其名字发生了显著变化。后来李时珍在《本草纲目》中阐释："鲂，方也；鳊，扁也。"原来两个名字都取自其形状。可见古人视此鱼为淡水鱼中体形较特殊者。如果以此方式为海洋鱼类命名，那就麻烦了——太多"扁"。

至少在我青少年时代的记忆中，武昌鱼，也即鲂、鳊，是罕见的。可见其直至二十年前，分布都不算广，产量更不如今天。

《诗经》中多次记载了"鲂"，还使我怀疑，它是不是从北方渐渐蔓延开的？而之所以今天有个偏南方的名字"武昌鱼"，则意味着它的大繁荣，得益于南方的水域、气候，那里与《诗经》发源地相比，鱼类的生活条件相差巨大。

在古代文化中，"鲂"的存在很密。明朝何景明的《津市打鱼歌》说："大船峨峨系江岸，鲇鲂鱻鱻收百万。"可见那时的鲂作为经济鱼类，已经大众化了。没人再拿它去比对王室了吧？往前看，宋朝吴自牧《梦粱录》有道："春鱼鲂鱼，石首油煤。"可见杭州那片位于《诗经》东南的遥远地方，也有鲂的欢快游弋。这与唐朝杜甫《观打鱼歌》遥相呼应："鲂鱼肥美知第一，既饱欢娱亦萧瑟。"而杜甫可能是在长安一带写的这首诗。这三首诗里面的地理跨度，至少涵盖了今天小半个中国。

《汝坟》中的鲂,只是一个随手拈来的意象,用毕即扔,并无鲜美感。但也略略体现了当时鲂的相对珍贵。

在中国人的食谱中,鲂的普及也许用了千余年。在今天的菜市场中,它以武昌鱼之名,顶着一个便宜的价格,只能说明对它的人工养殖很容易。也较少能从今天的文学作品中,看到对它的密切关注和赞美。

我倒是希望所有珍贵的东西,都能像鲂一样,渐渐贬值为武昌鱼,让一般百姓都能见识与享受它。而不像古代一则寓言中所说:

若存若亡,若食若不食者鲂也;

其为鱼也,博而厚味。

——这是宓子贱于 2500 年前去单父那个地方当官时,一位智者用钓鱼经验,曲折表达的警告:那些成群结队容易上钩的"阳桥"鱼,"薄而不美";而不容易上钩的鲂,则是真正好鱼。

所以宓子贱到任后,刻意回避诸多阿谀奉承者,主动接近少数"耆老尊贤者"。

——当鲂被抬举到这个地步的时候,就很贵重了。毕竟从人民要吃鱼的角度看,鲂还是多得像"阳桥"鱼那样才好。

鲤

岂其食鱼
必河之鲤

岂其取妻
必宋之子

孔门祖先因它得名

二十世纪七八十年代的年画中,常见一个胖娃娃,骑在大红鲤鱼背上,怀中抱着金黄稻穗。有时我会凝视它,想象着:这么大的鱼,可以煮一锅。

我自小喜欢吃鱼。母亲说,再细小的鱼刺都能被我吐出来。然后大人会夸奖我聪明。这一点被我记住了,数十年后,我仍然拿这话炫耀。

对于吃鲤鱼的特殊记忆,是过年的餐桌上,它肥肥地躺在盘子里,却不许吃。因为父亲说"年年有余"的好彩头不可破坏。只有等到正月十五之后,才能吃它。但那时候,盘子里的鲤鱼完全不新鲜了。

> 岂其食鱼,必河之鲤?
> 岂其取妻,必宋之子?
>
> (《陈风·衡门》)

现在农村稻田里比较流行养鱼。鲤鱼是很好的品种,因为它生命力强,以致作为外来入侵物种,在美国已经泛滥成灾。

打开手机看视频,不时能遇见相关报道——不宽的河流中,小汽艇驶进去,惊起鲤鱼无数,在水面上下翻飞,有的竟然跳进船舱。问题是美国人不吃鲤鱼,奇怪吧?他们真应该好好品读《诗经》中《衡门》一章。

那时的中国人将鲤鱼视为珍馐,是鱼中上品。不过在今天的市场,鲤鱼的地位降低了,这与其产量大导致价格不高有关。我家离巢湖不远,经常能见到那里的鱼贩子或渔民,用小卡车装鱼叫卖,其中有很多鲤鱼。但体形通常像鲫鱼一样,年画中的大胖鲤鱼很罕见。显然,现在的鲤鱼很难在水里多游几年,渔网是它们短暂生命的定时闹钟。

英国有个叫安迪·哈曼的大叔，曾用 50 分钟捕获一条 140 磅的鲤鱼，创世界纪录。2014 年 8 月 19 日《每日邮报》特别报道此事。这就证明了我幼时看到的年画，并没有太夸张。而这么大的鱼，在日本不做生鱼片就可惜了……

日本人对鲤鱼的热爱，可能源自中国文化，因为鲤鱼的一些象征意义，与咱很接近，比如五月男孩节这天，日本人会在家门前悬挂鲤鱼旗，有鲤鱼跃龙门、望子成龙的含义；新年迎财神，用"元宝鱼"，也体现鲤鱼招财的吉祥寓意。但与中国民间相比，关于鲤鱼的艺术作品，日本人还是不够丰富，比如剪纸，我们老祖先弄出的花色数不胜数：连年有"鱼"、吉庆有"鱼"、富贵有"鱼"等等。

鲤鱼浪飒苔花风

（蒲庵禅师《题米南宫云山图》）

接得双双锦鲤鱼

（释了惠《偈颂七十一首》）

佛家也喜欢鲤鱼，主要是因为鲤鱼的另一些寓意，比如友情。古人还喜欢用鲤鱼形木板做成盒子装信——上面引用的"接得双双锦鲤鱼"，显然是远方来书。

但鲤鱼最大的荣耀，可能还是作为孔子儿子的名字。据《风俗通》《太平御览》等古籍记载，孔子太太生了一个男孩时，恰好有人送鲤鱼来。孔子"嘉以为瑞"，将儿子名为"鲤"，字伯鱼。而关于鲤鱼的文化史，至少可以继续追溯到周代。

　　鲤鱼中最美丽者是艳色图纹锦鲤，简直是活的艺术品，非常名贵。但很难见到实物。网络搜图也可一睹芳容。在一些寺院

放生池里，有时可以碰见非常好看的鲤鱼。漫长的历史长河中，鲤鱼已经被人工培育出游弋多姿的品种：红鲤、团鲤、草鲤、火鲤、芙蓉鲤、荷包鲤等等，观赏的用途越来越大，食用的名声反而远远不能相比。

还有一个价值是药用。中医典籍里的鲤鱼，几乎全身是药。用不同的方法吃，能治疗不同的病症。但也有一些忌讳，民间认为鲤鱼是发物，恶性肿瘤、淋巴结核、红斑狼疮、支气管哮喘、荨麻疹等患者绝不可用。据说还不能与狗肉、葵菜同食。

但总体来说，鲤鱼的吉祥喜庆含义是主流。泉州古称"鲤城"呢！因为他们认为自己生活的城市，看起来像一尾活的鲤鱼！

鱧

鱼丽于罶

鲂鱧

君子有酒

多且旨

小心,别把这种鱼淹死了

校园壕沟里有乌鱼出现,在水草边带娃儿。我和小伙伴们看到有人来钓它。那是三十多年前一个阳光灿烂的午后。

那人戴着草帽,脸黑红黑红,显然是个老渔夫了。他腰间挂着一个竹篓,手持钓竿。但他没有急于钓乌鱼,而是放下竿子,到附近小水沟里寻找什么……

一会儿,他回来了,手里抓了只青蛙,已经被摔死。他将青蛙挂在鱼钩上,伸出去……

青蛙在水面抖动,像活的。我亲眼看见一条大乌鱼蹿出水面,一口咬住青蛙!

那人立即甩竿,大乌鱼扑棱棱地掉在草丛里蹦跶……

> 鱼丽于罶,鲂鳢。
> 君子有酒,多且旨。
>
> (《小雅·鱼丽》)

《诗经》里的祖先们并不忌讳吃乌鱼(鳢)。但后期人们认同乌鱼为孝鱼,导致民间反对吃它。道教文化中就有"四禁食"一说,

除了牛、雁、狗,还有乌鱼,便是基于其"孝"。

其实这是个误会。我小时候所见的乌鱼带娃儿,确实挺感人。老乌鱼为保护小崽,很拼命,但这是天性;而小乌鱼在老乌鱼嘴巴里进进出出,是躲避灾难的天性;老乌鱼在饿的时候,会自然地吃掉小乌鱼,还是天性……

总之,乌鱼的一切行为,都是天性,没有伦理指导。孝鱼一说,源自人情而已。还是《诗经》里的祖先们豁达,吃就吃呗!毕竟乌鱼的肉很鲜美。

同治年间的泰州,有一位姓查的厨师,手艺极高,创造一道名菜"烧大乌"——将乌鱼养在木桶里,现场为客人宰杀。也不知道他用的啥料，反正揭锅前不添加任何东西，为了不走味。端出来后，红亮而鲜嫩，名震一方。

为此，我曾在市场上买过一条乌鱼回家品尝。无法模仿那位查厨师，只是用它做酸菜鱼。应该说，乌鱼肉有点像鳜鱼，口感特别。而这两种鱼都是淡水中凶猛鱼类，是肉食性的。有趣的是，乌鱼是少见的能被水淹死的鱼——如果水温高的话，它就无法呼吸。

现在野外水域罕见乌鱼了。过去春夏天的野外水沟里，都能捕捉很多小鱼虾，随着化学农药的普及，这些野生小动物数量锐减，导致乌鱼的生活也被颠覆。原本凶猛猖狂的它们，转而去美国办了"绿卡"……

2002年，美国媒体首次惊现乌鱼身影。也不知它们是如何移民的，据猜测，可能是有好心人放生带去的。总之，美国出现乌鱼的水域，生态受到明显影响。毕竟它们在那里没有天敌，几乎可称霸一方。电影《哥斯拉》里的怪物您有印象吧？美国人干脆给乌鱼改名"鱼斯拉"！甚至发挥想象拍了个恐怖片《科学怪鱼》！

从孝鱼到"鱼斯拉"到"科学怪鱼"，乌鱼这一路的形象转变令人扼腕。但这不是乌鱼的错，美国人应该下定决心尝尝它的味道，再做结论。

乌鱼不仅仅是高营养品，也是很好的药品。治水肿、湿痹、脚气、痔疮、疥癣等，乌鱼样样都行！但小孩、老人等抵抗力差的，应慎食。

我喜欢这种生命力极强的鱼。小时候看它们在水草边游戏，乌黑的背影似乎在显示大无畏。有人做过实验，将乌鱼扔在潮湿阴凉的陆地，它竟然生存半个月！与肺鱼有得一比！

　　乡下老人告诉我，过去遇到旱季，池塘干涸，一般鱼虾死光光，但仍可以下塘去寻找乌鱼。方法是挖泥巴，因为乌鱼能躲在里面，将嘴巴伸出泥巴外，耐心等待水再次淹没……而雨季里，农夫有时会在河埂的泥巴和草丛里，发现乌鱼扭动着身子，向另一片水域迁移。它不但生命力强，还非常聪明呢！

鱣

有鱣有鮪

鯮鯸鰋鯉

这类消息不发布较妥

我对刻意的"放生"行为持谨慎态度。因为我害怕人们是为了找佛祖、菩萨牟取自己的利益,而去购买那些生物放生。这会导致一个行业诞生,即:为"放生"而猎杀。

但2014年的一则放生新闻令我感动。说的是黑龙江渔民偶然捕获一条大鳇鱼,因为太稀罕,他拿不准,就用船拖着去找渔政部门。一位女士听说,赶来洽谈购买放生,花了6万元。

这位女士的目的是维护生态平衡。我赞成。可贵的是,这次放生行为很偶然,包括它的起点,即那位渔民也从没想到自己会捕获一条大鳇鱼。

因为偶然,所以真诚。

有鳣有鲔,鲦鲿鰋鲤。

(《周颂·潜》)

鳣即鳇鱼。它们在陕西、河套一带水域遨游的时候,先民的一般渔船,也只有一条体长2~5米的鳇鱼大,所以我们有理由怀疑,《潜》中提及鳇鱼,是以很多渔船翻掉为代价的。这种

头略呈三角形的可以追溯到白垩纪的大鱼,可谓水中恐龙,先民与它斗,只能靠运气。

而今,鳇鱼龟缩在黑龙江,别处再也看不见其影子了。前些年国家调查研究表明,黑龙江的抚远江段一百公里内,野生鳇鱼总共 870 条左右,因此不得不通过法律来保护这个物种。之前还进行人工繁殖、放养,虽然取得成功,但,只要鳇鱼冲不出黑龙江的范围,它们的生存危机就永远存在。

杜甫先生喜欢观看打渔,多次赋诗,其中一次提及鳇鱼——

> ……
> 能者操舟疾若风，
> 撑突波涛挺叉入。
> ……
> 日暮蛟龙改窟穴，
> 山根鳣鲔随云雷。

未知此次打渔场景发生在陕西还是四川？可以肯定的是，鳇鱼对唐朝人民并非十分稀奇。从那时到清代乾隆皇帝千年期间，鳇鱼锐减。因为乾隆年间，赫哲族人捕获一条大鳇鱼，都不认识，视为珍奇祥瑞，所以要献给当朝皇帝以邀宠。在没有冷库的情况下，他们居然把这条鳇鱼送到了北京！而乾隆品尝之后，龙颜大悦，还给它起了名字沿用至今。

这个故事里面隐含另一个巨大危机，让我捏着把汗——乾隆皇帝肯定没有吃鳇鱼子，如果吃了，呕吐、腹痛还算轻的，严重的会出现呼吸苦难，更严重的是可能会造成瘫痪。这种美称为"水中大熊猫"的鳇鱼，是不适合做鱼子酱的，而它的同类，即其他很多种鲟鱼子，却可以胜任。

2016年，一位常州游客在哈尔滨偶然吃出一席"万元鱼宴"，与某年另一游客在青岛吃出"千元大虾"可以媲美。这位常州人忽视了餐桌上有鳇鱼，也没人提前告知其意味着什么。奇怪的是，此事引出一位专家，说鳇鱼子做的鱼子酱价格超过黄金。这与上文提及的"有毒"说完全相反。且存疑。

> 江平芦荻齐，五两贴樯低。
> 绕郭覆晴雪，满船闻曙鸡。
> 鳇鲂宜入贡，橘柚亦成蹊。
> 还似海沂日，风清无鼓鼙。
>
> （卢纶《送浑别驾赴舒州》）

——大诗人似以鳇鱼来比喻人才的珍贵。白居易也有类似的句子"祥鳣降伴趋庭鲤"，以祝贺一位朋友升迁。《本草纲目》指出鳇鱼的不同脏器和部位，有不同药效，与现代医学研究颇多相合。这些好处俄罗斯人可能知道得比我们更深刻，所以二十世纪初，他们捕鲟、鳇业飞速发展，并因此导致黑龙江一带水域原本不多的鳇鱼资源锐减。鳇鱼不但能象征人才，还能造就很多捕鳇鱼赚大钱的人才。

所谓人才，现在看来就是善于赚钱的人，未必非得为大众谋福利。毕竟鳇鱼这么稀罕，你有本事捉住一条，也只能服务极少数食客。

还有一种人才，是研究大自然的学问，自己也许不会发财，但他的学问能鼓舞另一批人才去将其变现为金钱。比如中国科学院海洋研究所，他们指出鳇鱼肌肉脂肪含有 12.5% 的 "DHA" 和 "EPA"，通俗称为 "脑黄金"，对软化心脑血管、促进大脑发育、提高智商有良好功效……其实，在鳇鱼未能摆脱生存危机的前提下，这类消息还是不发布较妥。

因为，从建设性来看，这世界上真正的人才，非常稀罕。

黑龙江省抚远县于 2003 年被国家农业部命名为"中国鲟鳇鱼之乡",这对鳇鱼是个不错的安慰。虽然野生的鳇鱼依然忧心忡忡,但人工饲养的鳇鱼数量,却渐渐有了保证。

先民踏着小船、举着叉子,在大河上寻寻觅觅的时候,鳇鱼虽然害怕,却也能尽享天伦之乐。今天我们不指望来自大自然的鳇鱼为世人造福,只指望我们能给鳇鱼这个物种造福。

鯈

有鱣有鮪
鯈鱨鰋鯉

不但下饭，更能下酒

风风火火莽莽撞撞的小孩容易出乱子，大人批评他是"硬头鲹子"。鲹子又叫鲹鲦，学校壕沟里很多。

夏天钓鲹鲦是我和小伙伴们的必修课。也容易：先去查小三家门前假山边砍一棵细竹，削掉枝叶，系上鱼线鱼钩；再去查小三家北侧厕所里抓一瓶绿头苍蝇（掐掉翅膀），就可以去壕沟钓了。

"硬头鲹子"发现水面有苍蝇，射箭似的冲过来，一口叼住，甩头就走。我们只要一提竿子，它就活蹦乱跳地出来了。

有鳣有鲔，鲦鲿鰋鲤。

（《周颂·潜》）

《潜》中的"鲦"至少有两种解释：鲹鲦、翘嘴鲌。后者在我看来，就是巨型鲹鲦，合肥土话称"白丝"。它们并非同一种鱼。

小时候钓鲹鲦，往往一下午能收获半脸盆。这鱼大多十来厘米长，重不足2两，是那种上不得台面的杂鱼。回家交给母亲，通常是在它"下巴"处掐个口，挤掉内脏，放在筛子里暴晒。

数日后，鲹鲦干巴巴地翘在筛子里，就可以抓一把放在窑锅（一种陶制小菜盆）里，撒盐、油、酱、辣椒、葱花、姜丝等等，放在饭锅里蒸。揭开锅的时候，咸鱼香味挺诱人。再将它们拌一拌，很下饭。

所以我直觉认为，《潜》中的"鲦"可能不是鲹鲦这种小菜，而是体形很大的翘嘴鲌。但我不喜欢翘嘴鲌，嫌它肉里面细刺多，吃着麻烦。而鲹鲦虽然也多刺，却更细小，可以

直接连着鱼骨一起吃掉。而之所以将其当鲦鲦来写,是因为王维有篇诗文《山中与裴秀才迪书》说,他有一次去山里玩,看见——

……

草木蔓发,春山可望,

轻鲦出水,白鸥矫翼。

……

那么,先秦时代的人们,既然将"鲦"入诗,未必不怀有与王维类似的喜悦。所谓"轻鲦",肯定不是那种数斤重的翘嘴鲌,而是我小时候钓的鲦鲦。况且王公贵族日常也需要小菜点缀餐桌。我妈蒸的那种小咸鱼,不但下饭,更能下酒。周文王、周武王们吃够了山珍海味,品尝这种小菜,说不定龙颜大悦呢!

另外,我一直怀疑中国古代民间医药学非常发达,否则不好解释中国人口在历史上为何一直比大多数外国民族繁盛。如果用早期农业就很发达来解释,那么恒河、幼发拉底河、底格里斯河、尼罗河等古代文明的农业发展,并不亚于中国先民呀?所以,民间医药学可能是个重要因素。

而我先民对大自然里各种不起眼事物的运用,除了在中药店,至今还能在很多"偏方"类古籍中看到。鲦鲦就是其一。李时珍说煮食鲦鲦可以"暖胃""止冷泻"。难道先秦的中国人就一定不知道吗？也许，从百姓到王公，都时而用它做药呢！

鲹鲦对水质要求高，现在很多中国河流、池塘已经没有它们的影子了。而所谓"水质好"，无非就是我小时候钓鲹鲦的那条壕沟的水质标准而已。根本无需检测、保护，就是自然而然的野水罢了。鲹鲦在水面游荡，背部隐约可见。它们喜欢成群结队，头鱼往哪里游，其他鱼毫不犹豫地跟着跑。所以，钓鲹鲦的最大乐趣是，你随时甩钩，随时有收获。数分钟能把那一群鲹鲦转移进脸盆。

在德国的河流里，鲹鲦也很常见。但他们显然比我这个吃货思考得更深刻。该国动物学家霍斯特就因为研究鲹鲦，提出一个"头鱼理论"（也叫：鲦鱼效应）。他将头鱼脑后控制行为的部分割除后，此鱼行动紊乱，但其他鲹鲦仍盲目追随！这个理论或效应在企业管理中经常被提到。我觉得它更像一则寓言，是对人类的调侃。

紫蔓青条拂酒壶，落花时与竹风俱。
归时自负花前醉，笑向鲦鱼问乐无。

——唐代诗人独孤及在《垂花坞醉后戏题》中，将鲹鲦视为小伙伴，映衬自己的自由、快乐，很潇洒的样子。其实我小时候也是个"硬头鲹子"，现在回味，暑假里和伙伴们无忧无虑地结伴奔跑、玩耍，与壕沟里的鲹鲦情况完全类似。所以，诗人所问，我可以代鲹鲦作出肯定的答复。

鱬

鯺　有鱣
鯦　有鮪
鱬
鯉

红烧、炖豆腐,给新妈妈催乳

校园壕沟淤泥多,水草繁茂。这是鲶鱼最喜欢的环境。父亲周日无事喜欢钓鱼,我没事就去看看。

一天傍晚,父亲正钓鱼,被人喊去,临走时将鱼竿交给我。我就站在壕沟边举竿等着。

忽然鱼浮子就动了,被拖着走了!赶紧提!居然提不出水!竿子也弯了……

这鱼肯定大!我兴奋得脸红气促,悠着竿子慢慢拖,终于将鱼提上岸——一条2斤多重的鲶鱼(鲇鱼),我们也叫它鲶胡子。

这是我童年时代钓到的最大的鱼。当晚母亲将其红烧。

有鳣有鲔,鲦鲿鰋鲤。

(《周颂·潜》)

可以想象先民在春、夏、秋三季的河流、湿地里,不小心就会踩到一条"鰋",即鲶鱼、鲇鱼、鲶胡子。现代中国比较偏僻的乡野,这种景象依然存在。鲶鱼繁殖快,适应性强。我甚至

看到有个外国城市肮脏的沟渠里，鲶鱼挤在一起像蛆一样翻动，非常倒胃口。它还有一个难听的名字：塘虱。

先秦时代有些石鼓文流传至今，其中一篇提及鲶鱼——"汧緊泛泛，烝彼淖渊。鰋鲤处之。君子渔之……"大意是：汧河水潺潺，沿岸多潭渊。鲶鱼鲤鱼戏其中，君子捕捉乐无穷……

此文之古朴与《诗经》是一个味道，还有点鲶鱼的土腥气。祖先们视鲶鱼为佳肴，而我自小不太喜欢吃。虽然它的肉嫩滑，但土腥气重，即便用很多作料，也难以掩盖。但钓它却非常愉快，富有成就感。

有人专门钓鲶鱼，总结出很多有趣的方法。比如最好的饵料是土青蛙和大蚯蚓。这是因为鲶鱼嘴巴大，用大的饵料更讨喜。但在我想象中，先民无需如此烦琐的步骤，直接拿根棍棒，在水草地里搜寻就可以了。

日前看视频，见越南、柬埔寨等国乡村环境美好，野生鲶鱼多，有年轻美貌的姑娘只带了根削尖的细棍和一张自制的弓，就去小溪里射鱼。鲶鱼宽大的身材，往往躲不掉姑娘的"丘比特之箭"，令人耳畔油然回响起《在那遥远的地方》：我愿她拿着细细的皮鞭，不断轻轻打在我身上……

当然鲶鱼承受不了这份浪漫情怀。作为肉食性动物，它也是水中一霸，宁愿待在石缝或淤泥烂草中等待小鱼虾，以尽天年，而不是成为扬州博物馆里那幅《鲇（鲶）鱼图轴》——两条肥美的鲶鱼被稻草穿了鳃，显然即将烹煮。作者李方膺是当年"扬州八怪"之一，在鲶鱼眼中肯定很恐怖，且看画中题

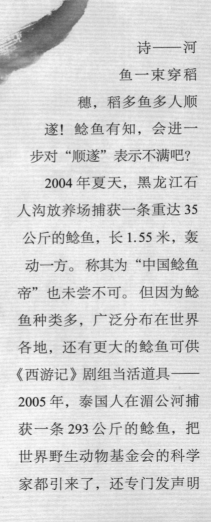

诗——河鱼一束穿稻穗,稻多鱼多人顺遂!鲶鱼有知,会进一步对"顺遂"表示不满吧?

2004年夏天,黑龙江石人沟放养场捕获一条重达35公斤的鲶鱼,长1.55米,轰动一方。称其为"中国鲶鱼帝"也未尝不可。但因为鲶鱼种类多,广泛分布在世界各地,还有更大的鲶鱼可供《西游记》剧组当活道具——2005年,泰国人在湄公河捕获一条293公斤的鲶鱼,把世界野生动物基金会的科学家都引来了,还专门发声明

"这条鲶鱼是目前世界上最大淡水鱼纪录保持者"云云。

咱老祖先不特别在意鲶鱼有多大,除了红烧、炖豆腐等,还用于给新妈妈催乳。《食经》甚至认为吃它能"令人皮肤肥美"。也有古人提出警告,说"鲶鱼肉不可合鹿肉食,令人筋甲缩"(南朝医学家、道士陶弘景);"鲶鱼反荆芥"(《本草纲目》);"痔血、肛痛,不宜多食"(《随息居饮食谱》),等等,但不知是否确实?

真正要防备鲶鱼的,是中国南方沿海的老鼠。因为海里也有一种鲶鱼,非常聪明,喜欢夜晚游到岸边,将尾巴露出来勾引老鼠。一旦尾巴被咬住,它就猛甩,然后来个水中捉鼠游戏。而这一幕是来自北方的《诗经》无法表现的内容,否则,鲶鱼的身价很可能会被先民抬高到神仙的位置呢!

鱨

鯠　有鱣
鱨　有鮪
鰥
鯉

一尾被重新认识的鱼

王大坝郢子和周老圩之间有几口野塘。雷雨过后的夏日傍晚,父亲拎着小桶提着鱼竿就去了。找一棵老柳树,坐下。

青蛙在水草、田野里叫唤,空气清新得就像它所在的年代:1980。偶有喜鹊、麻雀、八哥之类的飞鸟来扰。

安静的时空中"哗啦"一声。父亲提起竿子,一条泥鳅似的鱼儿在半空扭动。我小心翼翼取下它,其名"刀鳅"。背上一排刺挺戳手。但还有比它更戳手的鱼,数分钟后被父亲提出水面——"吱呀!吱呀!"

它像鲶鱼,但体形小很多,黄色的,背上一根醒目大刺竖起。合肥土话叫它"汪丫",通称黄颡鱼,也即《诗经》里的:鲿。

> 有鳣有鲔,鲦鲿鰋鲤。
>
> (《周颂·潜》)

现在黄颡鱼出口日本、韩国及东南亚,颇受外国人追捧。但在我小时候,它只算一种小杂鱼,市场少见,价极廉。人们

认为它肉少而骨刺多,不实惠。农民难得特意去捕捉它,因为戳手,还不如扒泥鳅来得痛快。所以,虽然《诗经》将其与多种美鱼并列,也未能在江淮、合肥民间产生深远影响。

如果偶尔有乡民急求黄颡鱼,十有八九是因为需要一个土方、偏方。因为此鱼可消水肿、祛风、醒酒。小儿痘疹初期,人们也喜欢用它食疗。除此以外,黄颡鱼在我童年基本默默无闻。而今天的大小饭店里,都有黄颡鱼烹制的多种菜肴勾引新时代食客。

所谓新时代食客,并不排除老一辈人。过去很多不上台面的食物,今天都像黄颡鱼一样被重新认识了。而老一辈人将当年并不看重的食物拿来品味与赞美,有的是图保健效果,更多的是因为怀旧。这种感情投射适用于每一个人。明代才子唐伯虎题《枯木图》有道——

　　　　　枯木萧疏下夕阳,
　　　　　漫烧飞叶煮黄鲿。
　　　　　与君且作忘形醉,
　　　　　明日驱驰汗浣裳。

——貌似两位文友扔了诗书在一起切磋酒量。而"煮黄鲹"这道菜也显得随意。如果我没猜错的话，它可能就是今天合肥人常见的"汪丫炖豆腐"。通常有两种炖法：一种比较清淡，放油盐酱醋葱姜蒜即可；另一种麻辣味，似乎学了川菜。作为小火锅，它们在任意季节都可以出现。

　　因为现在人工养殖的黄颡鱼（汪丫），蔓延到整个南方市场，仅广东佛山、浙江湖州、四川眉山这三大养殖区的供应量，就是个天文数字。但与过去野外获得的黄颡鱼相比，养殖品似乎颜色不够亮黄，普遍是黄中泛青灰色。我逛菜市场的时候，还曾试着将它们提起来，却听不到童年时代常听到的"吱呀"声。似乎很多黄颡鱼挤在一起，都疲了，懒得叫唤。

　　宋代诗人白玉蟾有一次遇到一位画师，对其作品颇为欣赏，作长诗《赠画鱼者》，其中有道——

……

画到妙处手应心，心匠巧甚机智深。

纸上溶溶一溪水，放出鲦鲹二三尾。

……

　　——这个小图景虽清雅，但个人想象成分大。因为鲦是一种长而扁的小鱼，而黄颡鱼（鲹）在水中恰恰以小鱼虾、昆虫为食。将这二者画在一起，有类于狼和羊的嬉戏。经验丰富的钓鱼者说，黄颡鱼吃食凶猛，鱼饵要大。它在水里几乎没有天敌，繁殖很快。当然是指野外未经污染的野水。

黄颡鱼"脸颊"部位有两粒肉特别好，状似小蒜瓣。有经验的食客认为，这是其精华。可惜太少了，不能痛快品尝。

有趣的是，由于各地人们对此鱼称呼不一，时而会闹笑话。比如杭州街头大排档的食客喊道："老板，来个黄鼠狼儿煲豆腐！"此"黄鼠狼"就是黄颡鱼。合肥食客坐在其中，会感觉不自在，毕竟黄鼠狼的臭味能熏倒追赶它的敌人，以其名入菜，太不考究了吧？

虺

陟彼崔嵬
我马虺陨

不是蜥蜴，是蛇

1994年春天，我在太行山附近的一处陆军部队大院生活。

一天下午，几个战友去对面家属院草丛里，打了三五条蛇，回来剥皮，还从蛇肚子里拽出未消化的老鼠来，臭气熏天。我很窝火，却不便阻止。因为这几个家伙是准备晚上喝酒吃蛇肉的。

然后他们把蛇肉挂在寝室铁丝上。我将其移到离床铺远些的地方。被一个泸州兵看见，前来问罪。我正好逮着机会，将这混子暴打一顿——因为吃蛇肉喝大酒这腌臜事，最先是他鼓动的……

> 陟彼崔嵬，我马虺隤。
>
> （《周南·卷耳》）

此为《诗经》中首次出现有关蛇的字样：虺。却不是说蛇本身，而是指病态——那匹疲劳至极的马儿，正承载一位深情女子，翻山去寻找爱人……

沈从文先生很讨厌"便"字，能不用就绝不用，显然是个人心理偏好问题。这也是我看《诗经》中《卷耳》一章对"虺"的感觉,因为它的主要含义还是指蛇,并且主要指毒蛇。此意象稍一闪现,则破坏诗意——当然,责任在我自己。

尽管虺另有龙的意思,却不是真龙,而是一种"龙的可能性"。南朝《述异记》载:"虺五百年化为蛟,蛟千年化为龙,龙五百年为角龙,千年为应龙。"——言之凿凿。

且不论真假,至少可以看出一点:虺是很长寿的动物。并且比龟更有进步机会。千年乌龟即便成精,那也是妖精吧?而虺三千年后成应龙,那就算龙中比较有身份地位的一种了,转世为人的话,或许是能当皇帝的。

古人的猎奇心一点不比我们差,所以我超级喜欢《述异记》《搜神记》《西游记》《聊斋志异》等。正经的传统文化总觉得有些枯燥,有它们来闹一闹,轻松活泼多了。所以,当发现历代注家多有推虺与蜥蜴为同物的时候,我是很生气的。

作为十二生肖之一,蛇在我们民间的地位可谓高矣,通常也不称其为蛇,而叫小龙。但在"蛇"字尚未造出来的时候,"虺"则可能代表了大多数蛇类。用蜥蜴来附会它也未尝不可,就是在形象气势上差了点。与《楚辞·天问》中一句"雄虺九首"相比,蜥蜴是没什么前途的。

先民很重视虺,其形象甚至偶有出现在西周末期的青铜器装饰上。而那些青铜器,一般都是贵族、王家使用的器具,如果不是有很美好、吉祥、重要的象征意义,干吗将虺铸上去呢?

即便虺也有不好的含义,比如"虺蜮"指代害人的毒物、奸

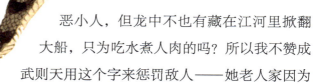

恶小人,但龙中不也有藏在江河里掀翻大船,只为吃水煮人肉的吗?所以我不赞成武则天用这个字来惩罚敌人——她老人家因为越王李贞等李家人造反,一怒之下将其族改为"虺"姓。她也不想想自己所坐的江山曾经姓啥。所以此举有小女儿态。

又有一说,认"虺"为古代汉族传说中的山林鬼物。其原型仍然离不开蜥蜴。这与《述异记》的说法相比,虺的尊严就差得远了。最终能成应龙的虺,在《山海经》和《史记》中,是曾帮助过黄帝战蚩尤的,功勋卓著,绝非鬼物形象。如果黄帝真的存在过,那么,我们全民族都得感谢虺呢!

从虺到蛟到龙到蛇到蜥蜴到鬼物⋯⋯这一路走来十分坎坷。一个字的意义演变,连专家也未能理出清晰的脉络。

也许有些事物就不必那么太确定吧?这与汉字、汉语的博大精深风格不符。因为太确定,则意味着一切停滞在此,不再有任何可能性,那么就接近死亡状态了,不好。

现在我们形容打雷的声音是"轰隆隆""哗啦啦",但还有个过去的书面语,形容打雷声是"虺虺"呢!你想想,如果一直停留在"虺虺"上,打雷声是多么不精彩、不震撼呀!

再乱,也要发展。

蜴

哀今之人
胡为虺蜴

画蛇添了足，就是它们

我首次看见壁虎是 6 岁那年夏天，在伯父家的走廊顶壁上。它们围绕昏黄的电灯泡，貌似白石灰上的一条污迹，一动不动。

当蛾子、苍蝇、蚊子围绕灯泡转的时候，它们开始谨慎慢移——靠近。然后头似乎颤一下，灯边就少了一只蛾子。

晚上乘凉的时候，我喜欢观察它们。有一次，一只壁虎不知咋的从壁上摔下来，吓得三个堂姐姐大呼小叫！我就很奇怪。这么有趣的家伙自动送上门了，怎么不趁机抓住呢？

伯父家在西安南边靠近秦岭的地方，属于《诗经》的土壤。

哀今之人，胡为虺蜴？

(《小雅·正月》)

虺蜴是指类似小蛇的动物，即蜥蜴，地球上有 3000 种左右（一说 4000 种）。壁虎是其中常见种类。

今天大街上很多私家车屁股后都贴着一条壁虎模型，谐音"避祸"，意为保佑车主。我就奇怪了：壁虎的神经非常脆弱，一旦受惊，自截尾巴逃生——泥菩萨过河啊！将其视为吉祥物，也与祖先的观点不合,《正月》里就用虺蜴喻指坏人。

当然,这不值得多讨论。壁虎的本家太多了。有一种变色龙就很可爱,欧美人将其当宠物养着,关系好到让它蹬鼻子上眼。更厉害的是一只名为艾洛的鬃狮蜥,2017 年在美国亚利桑那州埃文代尔市警察局找到了工作,该局给它配备警徽,只是不便常挂在胸前。其职责是检测某些药物,同时砸掉一批警犬的饭碗。

按照我幼时的记忆推测,祖先们可能没见过多少可爱的蜥蜴类动物。资料说中国有 150 种左右,在我有限的阅读记忆中,没有古人拿蜥蜴、壁虎当食物的,所以这东西就没啥价值,长得又丑陋,那就统称"虺蜴"吧。

但到了唐朝，它们居然有翻身迹象，一首通俗的《蜥蜴求雨歌》道——

蜥蜴蜥蜴，兴云吐雾。

雨若滂沱，放汝归去。

——蜥蜴为何有这种利国利民的特异功能？是不是因为它有点像"龙"呢？宋代诗人毛滂的《伯骏同官以仆祷雨龙渊屡效百里荐岁熙和官曹》，似乎质疑了这首唐诗的"思想"——

……

蜥蜴举云谁汝信，商羊舞雨自言功。

——仍然以我幼时看到的情景推测：因为下雨，蚊虫增多，导致壁虎捕食活跃。那么古人可能是反向推测：因为壁虎活跃，所以有雨水可待。这种逻辑其实挺可爱，与今天西方传来的星座算命学，有某种共通的趣味。

二十多年前，我与一帮男兵女兵爬太行山，在山腰大石头下面，偶遇一条四脚蛇。它也是蜥蜴类。与壁虎不同的是，四脚蛇行动更快，倏地一下就没影子了。据说它又叫"石龙子"，而这个名字似意指它像"龙"。说不定古人在构思龙的相貌时，真的参照了壁虎、蜥蜴呢！比如宋代诗人梅尧臣在《还吴长文舍人诗卷》中说——

> 我辈强追仿,画龙成蜥蜴。

——显然,反过来看这句诗,对照蜥蜴画龙,并非不可能。所以,随着人们审美观的变化,蜥蜴类爬行动物未来的地位,或许仍有提升空间。韩国有部电影就叫《蜥蜴》,女主角雅丽生性孤独,与一只蜥蜴为伴。而当年一只壁虎就能吓得我三个堂姐姐大呼小叫。可见数十年来,它们不但在欧美取得了身份,也正在往东亚方向输出影响力。

最震撼的蜥蜴不在中国,虽然它的名字叫"科莫多龙"。这种 3~5 米长的庞然大物,生活在印度尼西亚海岛,简直是从《侏罗纪公园》里爬出来的。它要想扮演恐龙的话,只要改掉像蛇一样吐舌头的坏习惯,就可以了。

对了,"画蛇添足"这则寓言故事,虽然是批评人的,但若有蜥蜴、壁虎在场,或许可以化解尴尬气氛——"对啊,我不是画蛇。添了足,画的是它们。"

鼉鼓逢逢
矇瞍奏公

史前时代的蛛丝马迹

鳄鱼是我童年时代的噩梦。因为我手头有一本彩色连环画《鳄鱼的眼泪》，说：河里有根癞木桩斜插着，一只小鸟上去歇脚，木桩渐渐下沉，忽然"哗啦"一声，小鸟没了……之后木桩浮起来，一只蜻蜓落上去，木桩故伎重演，渐渐下沉，"哗啦"一声……

看官肯定猜到，这"木桩"就是鳄鱼伸出来的嘴巴。

真实的鳄鱼没这么聪明，因为它的大脑发育比猪脑还原始。但我那时知道什么呢？夏天都不敢去壕沟里游泳了……

鼍鼓逢逢，矇瞍奏公。

（《大雅·灵台》）

安徽宣城的扬子鳄国家级自然保护区，堪称世界之最。美国人虽然能够人工繁殖扬子鳄，但数量稀少。这种恐龙时代的动物，据估计野生的不足 200 条，珍贵程度超过大熊猫。但在《诗经》时代，它们的皮却被用来做鼓——鼍鼓"逢逢"响的时候，万众肃穆，一场重大祭祀活动正在举行……

三四千年前的祖先，活得既恐怖也有趣，因为那时气候好，鼍（扬子鳄）广见于长江、黄河流域。据古地理学家、气候学家说，汉代以前，中原竹林葱郁，华北平原则是草原、森林，连今天的敦煌一带都是河流潺潺、绿洲茵茵。除了扬子鳄，还有大象、犀牛等在那片美丽时空奔跑，完全出乎今人想象。所以，甲骨文中出现"鼍"字，非常自然——俯视这个字，会觉得它与一条甩着尾巴的扬子鳄很相似。

与非洲大鳄鱼相比，扬子鳄并不特别凶残，反倒算温柔的，这可能与它娇小的体形有关。先民熟悉扬子鳄，也就不怕它。商代有个鄂侯国，其百姓很多以捕捉鳄鱼谋生。此地在历史发展中，成为今天的湖北。它的邻居江西，也是扬子鳄的故乡。当年韩愈被唐宪宗贬谪至此，写过一篇《祭鳄鱼文》，因为彼处百姓的牲口常常被它吃掉——但我怀疑当时的江西鳄鱼是不是品种有异，体形普遍大一些？否则怎能如此危害百姓，还不被大量捕杀？

唐代诗人温庭筠在《昆明治水战词》中说，"鼍鼓三声报天子，雕旗兽舰凌波起"。联系到蒲松龄的微型小说《猪婆龙》来看，鼍鼓或许有震慑水灾的作用。因为猪婆龙（即扬子鳄）下水的时候，"波涛大作"，似蕴含传说中"龙"的力量。

确有一说指称，扬子鳄的形象与中国龙挺般配，尤其是头部。它的古代名字"鼍龙"可证。后来演化的另一个名字"猪婆龙"，看着就很恶心，也不知咋想的？

古代大量关于鼍鼓的诗告诉我们，扬子鳄总体受制于我先民，否则，谁愿意提供自己的皮肤让鼓槌使劲擂呢？

吹龙笛，击鼍鼓，皓齿歌，细腰舞……

李贺在《将进酒》中，把扬子鳄带进欢乐而香艳的文艺场合。1980年山西襄汾县陶寺出土一面鼍鼓，不知还能否敲响？若用它与编钟共同演奏一曲，或许能让今天的中国人，进一步找到民族认同感和凝聚力……

曾经与恐龙霸占过地球的扬子鳄，威风不再了。它们的亲戚非洲鳄鱼，据说也很落魄。我们这个星球在高速旋转过程中，甩掉很多物种，消失在宇宙深处——宇，是空间；宙，是时间。所以，鳄鱼的存在，是一种巨大光荣。因为它们貌似突破了时空，将史前时代的蛛丝马迹，活生生地展现在这一时期的地球文明中。挺震撼的。

湖日似阴鼍鼓响，海云缭起蜃楼多。

（许浑《赠所知》）

——这片绚丽神奇的景色，在鼍鼓声中缓缓展现，令人浮想联翩……据《竹书纪年》说，周穆王进攻楚国过九江，用大鳖、鳄鱼做桥梁。那么，扬子鳄除了在我先民的厨房、乐场贡献过肉体之外，还曾担当工程师职务呢！

鳖

张仲孝友　侯谁在矣　炰鳖脍鲤　饮御诸友

王八之大者,三百多斤

瓮中捉鳖的事情我见过。儿时在乡村看见农民将池塘抽干,鱼儿鳖儿乌龟全露出来。有人带了陶瓮,将鳖扔进去。

之后捉鳖得小心。有经验的农夫弄根绳子伸进瓮里,让鳖咬住,再拎出来。通常会准备一盆开水,直接将鳖放进去。但有时鳖提前松口,摔在地上,会逃得很快。农夫紧跑几步,一脚踩住。那时得用刀,剁鳖头。

很多年前,鳖在中国人眼中是个下贱东西,根本上不得台面。我听说,合肥雷麻乡有个农民早上去街头卖野鳖,没人要。浪费他一上午的等待,很恼火。回家的时候,将鳖后腿拴在扁担头,就这么挑着从街上穿过……那野鳖伸头四处瞅,吓得满街人纷纷避让。这个农夫就很快活——谁叫你们都不买我的鳖呢!

饮御诸友,炰鳖脍鲤。

侯谁在矣?张仲孝友。

(《小雅·六月》)

甲鱼、团鱼、王八，都是鳖的称呼。我最近一次吃它是 2007 年，很小的那种马蹄鳖。味道虽然鲜美，但浅尝辄止，只是因为鳖的模样令我不喜。《六月》里将鳖作为美味招待朋友，不知那时的价格如何？

二十世纪九十年代有个很夸张的广告，关于"中华鳖精"的，好像鳖就是从那会儿开始成为"贵族"。如今所谓"鳖精"不见卖了，鳖的价格依然高高在上。这是不聪明的。但关于鳖的文化中却增加了一点笑料。

> 江汉之鱼鳖鼋鼍为天下富。
>
> （《墨子·公输》）

古代水中野生鱼鳖多，被视为富饶。也许因为鳖的形象特别丑陋，导致越来越多的猜测和传说吧？一些古籍里将其说得神乎其神——

> 鳖无耳而守神。
>
> 神守之名以此。
>
> （《淮南子》，《本草纲目》转引）

——这似乎是将鳖看作一种会修炼的动物了，因为没有耳朵，所以可以凝神静气。到了《西游记》时代，更神奇的鳖出现了，可以驮着唐僧师徒过河取经。我一直以为这是吴承恩个人的想象，但后来发现，巨大的鳖是存在的，只是不会说话而已——

2016年1月，越南河内还剑湖中一只百年老鳖去世，中国媒体有报道，还配了照片：像洗澡盆那么大，169公斤重，足以让一个大人趴在它背上。那么渡河肯定不成问题。越南人视此鳖为国宝，地位相当于我们的大熊猫。

所以有时候看古书，真不能随便怀疑古人的见识和手段。今天认为神奇的事物，在那时也许很平常呢！

古中医认为，鳖可补痨伤，壮阳气，大补阴之不足。我怀疑这是当年"中华鳖精"诞生的理论依据。为什么民间一直不认这种食物呢？

三十年前的农民下田插秧，一不小心可能踩着一只鳖，所以宝贝不起来。你说它再优秀，也无法打动见惯不怪的农民。我外公家倒是愿意吃这东西，记得是用一种叫"窑锅"的陶盆，装切碎的鳖块，加上酱和辣椒之类，蒸出来，拌一拌。

而我小时候所住的校园壕沟里，也生活了许多鳖。记得学生食堂西侧壕沟边堆着历年的煤灰，到了季节，时而看到一只鳖慌慌张张地从煤灰里蹿出来，逃进水中。一次，一个食堂师傅带着锹下去，将鳖蹿出来的地方挖开，居然发现一窝蛋！像小号的乒乓球！原来，鳖喜欢在煤灰中产卵孵化小鳖。

《周礼》有记"春献鳖蜃"。在食物匮乏的时代，鳖可以登上大雅之堂，很辉煌。晋代文人陆机曾为鳖作赋，是因为当朝皇太子出巡，遇一渔夫献鳖。中国人对鳖的价值观，波动很大。古代神话中，鳖的一个重要职务是河伯的侍从，这与《星经》里说"天鳖十三星在南斗，主水虫"相呼应。

如此有文化历史的鳖，现在少见研究，除了它匍匐在大盘子里的美味照片，没多少人在乎它的源远流长。当年的"中华鳖精"如果从正面理解，倒也可能激发人们了解鳖的内涵，只是，很多广告都因为夸张，最后导致人们怀疑是欺骗。

可怜的鳖，形象不好，但，其实很好。

龟

维龟正之

武王成之

早期人与神的通信工具

父亲用菜刀小心地在乌龟腹部淡黄色甲骨上,刻下我的名字和放生日期。这是我幼时见到的"甲骨文",充满父爱。

然后父亲带我到校园壕沟边,把乌龟交给我。我再将它放进水中,看它晃晃悠悠不急不忙地游走。

那时我不足十岁。记忆中,父亲至少给我放生过三只乌龟,祈求我长命富贵。

合肥地区的这种普通乌龟体形不大,如父亲的手掌。有时我能看见一只趴在壕沟浅水处的石头上晒太阳,稚拙可爱。

考卜维王,宅是镐京。
维龟正之,武王成之。武王烝哉!
(《大雅·文王有声》)

中国神龟的真实工作情况,体现在殷墟。大量商代文献刻于龟甲,最初被当成"龙骨"做了中药,诚为憾事。幸有光绪年间金石学家王懿荣慧眼识珠,揭示其真面目,震动世界。

> 龟之言久也。千岁而灵。此禽兽而知吉凶者也。
>
> （《尚书·洪范·五行》）

——之所以称其中国神龟，是因为它担负着我祖先与上天的沟通信使，可能长达数千年。殷墟里的甲骨文肯定只是冰山一角。不过，作为食物的乌龟，也备受祖先欢迎，《诗经》数次提及其鲜美。

我从来没有吃乌龟的欲望。小时候与伙伴们玩它，大家都说是"骚乌龟"，那种泥骚气、尿骚气令人不喜。谁也不知道它曾经那么辉煌、神圣。祖先们的重大决策多取决于乌龟和蓍草，而这份文化与《易经》的关系，血浓于水。据说八卦图形很可能得灵感于龟甲。

> ……有神龟于洛水，负文列于背以授禹，文即治水文也。
>
> （陆机《洛阳记》）

——这是关于《洛书》首次面世的传说。目前还没有哪位数学家宣称自己解读了《洛书》及其姊妹篇《河图》。神龟将其献给大禹，而大禹因此治水成功，显见祖先们的智慧与我们今天的衡量标准，走的不是一条道路。

当然，也正是神龟献书，降低了传说的可信度。但《洛书》确实存在，而且很久了，甚至比乌龟的起源还深远。但愿人们不要用轻轻一声"奇怪"，而放过这件事。因为按照咱祖先文化

遗产中的精髓来生活,可能会造就一个无需"德先生"与"赛先生"的辉煌新世界。

《礼记·礼运》说:麟凤龟龙,谓之四灵。龟在其中,是唯一真实的动物,所以在现代生物学中,龟的地位应该从精神层面重新审视才对。伟大的乌龟直到唐朝之后,身份证才渐渐褪色,开始宠辱交加的生活。比如用来骂人,或用来驮碑。

驮碑的乌龟还不是一般乌龟,被视为龙王的儿子之一,名曰赑厮。只是这种神龟不当也罢,不信您去看看明、清皇家建筑中的它们,几百年趴在那里被千斤巨石压着,好似孙悟空在五行山下。

作为骂人用词,"龟"的杀伤力极大,慎用。而这份恶意的起源,据说在明朝妓院里——因为应召女郎外出工作,不能用三寸金莲去丈量街道,必须有年轻力壮的男工作人员背着她送过去,这种男人就被想象为赝厮,曲折地称呼为"龟奴"。

与唐朝艺术家李龟年、陆龟蒙相比,"龟奴"之名完全不可同日而语。这是乌龟继"人神信息中转站"到"长寿象征"之后,出现的巨大形象落差。

好在人们至今没有完全否定乌龟的尊严。"金龟婿"一词还是蛮光彩的。《龟兔赛跑》的童话表明,大人和孩子们普遍同情乌龟。

在外国,乌龟没有我们这么多文化积淀,尤其没有肮脏的那一部分,所以,当柬埔寨人偶然获得一只皮肤花纹像蛇一样的乌龟时,不但将其供奉起来,还有人给它扇扇子呢!

戚施

燕婉之求

得此戚施

癞蛤蟆与天鹅比肩齐飞

表弟说杨四吃"癞癞猴",即癞蛤蟆、蟾蜍。我很震惊。我小时候天不怕地不怕,就是怕癞癞猴。那一身疙瘩散发妖气。

我问为啥吃癞癞猴呢?表弟说,杨四腰子坏了。后来我知道是严重肾病。我又问癞癞猴好吃吗?表弟忽然哈哈笑,指着远处喊:杨四!杨四!癞癞猴鲜不鲜?

我看见杨四在他家门前一棵树下缓缓地走,偏头瞅我们一眼,很沉重的气氛。夏天的植物葱茏,生机盎然。杨四不过二十岁,却像老头子。知了在叫。地上树影斑驳。

数月后,听说杨四死了。癞癞猴没能拯救他。

燕婉之求,得此戚施!

(《邶风·新台》)

《新台》背后有乱伦故事,且不细说。单道这"戚施",很多学者解释为蟾蜍,暗指卫国君主宣公,是个糟老头。一位美女面对它,内心崩溃了,人民闭眼了。

祖先们与我一样不喜欢蟾蜍。我觉得老天爷似乎不大公平,

为何给蟾蜍这么丑陋的外貌呢？好歹人家也是田园卫士，每年吃掉无数害虫，最终却被人们拒之千里之外。若不是还有医药价值，基本上没人愿意接近它。合肥乡下有句歇后语：癞蛤蟆不可怕——怂相难看。说的是那些咋咋呼呼其实没啥本事的家伙。

《淮南子·修务训》有道："篷篠（一种粗竹席）戚施，虽粉白黛黑，弗能为美者。"意思是对蟾蜍的化妆，一点指望也没有。质本丑陋，无能为力。难道蟾蜍就这么沉沦下去吗？非也，两个古老传说救了它——

其一说月亮里住了一只三条腿蟾蜍。月亮后来被称为蟾宫。能"蟾宫折桂"者，大抵相当于状元。其二是刘海用金钱戏金蟾，民间将其与财富、长寿挂钩。

现代商家喜欢摆设一种三足金蟾，全身鳞片似由钱币镶嵌，意为招财进宝。我看着这东西就不舒服。你拜财神爷我能接受，毕竟还有相对好看的外貌；而这种大蟾蜍完全没有一点美感，搁《西游记》里，肯定是妖精。如果妖精能为人招财进宝，那这个人得付出什么代价呢？

民间既视蟾蜍为五毒之一，也认为它能辟邪。这对矛盾和谐并存千百年了。学者在殷商青铜器上发现蟾蜍纹，似不是为追求美感吧？用辟邪解释更妥当些。那么后世沿用这类做法，就有了根据。但文人将砚滴造成蟾蜍形，却不是辟邪，而是为了蟾宫折桂。宋代诗人刘克庄有《蟾蜍砚滴》一首——

> 铸出爬沙状，儿童竞抚摩。
> 背如千岁者，腹奈一轮何。
> 器较瓶罂小，功于几砚多。
> 所盛涓滴水，后世赖馀波。

——虽然诗中对"蟾蜍砚滴"满怀喜爱，那也是针对一个被艺术化的蟾蜍形象。我就不信诗人能真的赞颂会爬的活蟾蜍。"蟾蜍"的内涵被发展之后，大多指美好事物，在动物学上与它同指一物的"癞蛤蟆"，就不能替代。纳兰性德有一句"欹枕数秋天，蟾蜍下早弦"，这是说月亮呢，敢用癞蛤蟆置换蟾蜍吗？

> 家家门掩蟾蜍月，处处莺啼杨柳风。
> 若谓纵横无变异，犹如掷剑拟虚空。

宋代和尚释子淳的《颂古》，给"蟾蜍月"更添一点禅意，越发离蟾蜍本意远了。一个小丑竟然能抵达这样的精神高度，与无数鲜花可以并列啦！谁说癞蛤蟆吃不上天鹅肉呢？它甚至能在皓月当空的夜晚，与天鹅比肩齐飞……

也许这世上就没有真正丑的事物吧？当年杨四为治疗肾病而吃蟾蜍，虽是迫不得已，却也从蟾蜍身上获得一线生的希望。还有谁能在那样的绝望中，给他人送去类似的希望呢？有时候，有一份对未来的希望存在，比单纯地直面现实，要好得多……

贝

贝 胄 朱 绶
烝 徒 增 增

光泽映射这个夏天的晚上

壕沟里有两种淡水贝类,一曰"歪歪",一曰"刀刀",前者大而色浅,后者小而色黑。夏天游泳,常常踩到它们。

母亲养了两只鸭。有时我会抓几枚歪歪、刀刀回家,母亲将其剖开,喂鸭,说是极好的饲料。

有一次,我站在岸边看一群比我大的孩子游泳,其一踩到一只比脚还大的歪歪,我请求他扔上岸,以便带回家获取母亲的夸奖。

那个大孩子很友善,一连扔上岸数枚。不料,我的脑门子被一枚歪歪砸中,血流不止。

三十多年后,伤疤仍隐约竖在两眉之上,我自诩为灌口二郎神的那只"天眼"。

> 贝胄朱綅,烝徒增增。
>
> (《鲁颂·閟宫》)

先民不但用贝壳装饰衣甲,还当钱用。不过,定非淡水贝类的壳,因易得而不可贵。《诗经》起源的范围是北方内陆,离海洋甚远，交通不便，所以，海贝就成了稀罕品。

有一点令我怀疑：既然有人不辞劳苦送海贝去内陆，一定知道它作为货币的意义，那么，海边先民难道不趋之若鹜？挑两袋贝壳，从日照、青岛到河南、陕西，难道成本很高吗？当然，我这是以一个现代人的"精明"在揣测，不符合先民总体淳朴简单的思维。且不深究。

《战国策·秦策五》有记：君之府藏珍珠宝石。珍珠来自海洋贝类。现在可以淡水养殖珍珠贝，所以珍珠再也不像两三千年前的贵重了，除非它特别大。而贝壳之所以能充作货币，也许与珍珠的显贵有关，至少它们都有类似的光泽。

我吃过的海贝有花蛤、扇贝、蛏子、"天鹅蛋"等，味道鲜美。先民用贝壳做钱的时候，应是不知其肉味的，除非他们拿"歪歪""刀刀"来发挥联想。而这种淡水贝类在我小时候，壕沟、池塘里多的是，通常无人在意。

北方先民也许吃过歪歪、刀刀，但他们更在意海贝之美。十枚贝壳穿在一起，谓"一朋"。"朋"字就是两串贝壳之象形。南怀瑾先生曾开玩笑说，交"朋"友，要有足够的钱。无"朋"则少友。扪心自问，这玩笑，很深沉。

当考古学家从先秦墓地里挖出大量贝壳的时候，原初经济学是有点珍珠的味道和光泽的。先民对它的推崇，一直延伸到金属货币时代——很多出土的金属货币，也被打造成贝壳形状。这种很原始的低级动物，担当了人类文明初创的一份重任。

作为装饰品的贝类，自古流行至今。我在福建厦门、海南、山东青岛旅行，街头常见贝壳类组合的艺术品。虽然制作粗糙简单，但有贝壳自身之美来掩盖人们艺术功底的不足。法国有个古老的地下室，完全用贝壳装饰墙壁，蔚为壮观。广州沙湾镇当今也有民居外墙，用大量生蚝贝壳垒砌，亦是惊人。

安徽有重镇曰"蚌埠"，似乎隐含了古人对淡水贝类的尊重。河蚌就是我上文提及的歪歪和刀刀，但通常是指大的那种。淮河里肯定有更大的歪歪吧？我在新闻报道中见过体形超过脸盆的河蚌，隐隐透露着《西游记》龙宫水族的妖气。

虽然《诗经》里没有对贝类丰富细致的描述，但其光泽已经随着先民的歌声，映射到这个夏日的晚上。我对着电脑与它简单聊聊，似为唤醒一点或遥远或亲切的记忆。无论作为祖先的钱币，还是作为今天的食物、艺术品，贝类自始至终都在为人类营造舒适、安宁和美。